Dreamworld

Anomalies
and Curiosities

Apichatpong
Weerasethakul

We are always told that Thailand was never colonized by the West. Maybe this is why she likes to hunt for exotic Western animals. They are exhibited on her body as triumphant hunting trophies. Take for example the concrete animals that we call *Baan Judsan,* literally "Allocated Housing." After capture, we proudly adapt, reorganize, and display them in the zoo of our contemporary landscape. But we also eat, defecate, and reproduce ourselves inside these animals' guts. And now there comes a Swiss man with a hunting camera. With his two-dimensional pictures of our specimens, he will probably adapt and reorganize them for other types of zoos called museum and galleries.

A Craving for Freaks

When I was a boy, there was a newly built cinema near our family home. This monster building, with what seemed to me thousands of seats, became my sanctuary. I would patiently wait for weekends when I could see the giant crocodile, the woman with her hair full of snakes, the flying ghost, and nature, in a bad mood, destroying everything, temples, palaces, and lovers. My feverish attraction to such films worried my mother so much that she once hit me for seeing the same film twice. Sometimes, my best friend and I would come home and try to build replicas of the freaky wonders we had seen. We constructed a large papier-mâché crocodile swallowing up a papier-mâché pagoda. In this way we made our own films, sometimes with ants as extras, who occasionally sacrificed their lives for our passion. In those days, my parents, both doctors, had settled the family in a hospital housing unit. Our friends were the children of other doctors. Around these wooden houses were gardens and little ponds. My mother even had her own orchid arbor, which I loved more for its coolness than its flowers. We children thus had a huge playing area full of beetles and dragonflies, not far from the morgue. I would say that I grew up in a pretty natural setting, which might explain why I was naturally attracted by the unnatural, and why, to grow up properly, I had to have my regular fix of monsters and other freaks on the screen.

A famous English novelist, Virginia Woolf, wrote that (in the West) "everything changed" in the first decade of the 20th century. But Thailand is always a bit late, so "everything changed" here only in the 1980s. Or was it I, not yet 20-years-old, who changed? With the coming of the multiplexes, my freakish screen friends disappeared. The unnatural was becoming natural. The blood on the screen looked like real blood. The CGI (Computer-Generated Imagery) had produced real monsters of its own. But now Thai films were becoming more and more like Western films, or at least trying to be. Where had the familiar dubbing voices of our favorite actors and actresses gone? Yet there was a new generation of neo-freakish creatures to which I could not relate. These have continued to evolve till today, when I am getting on for 40.

We can start looking at such neo-freaks by mentioning transvestites played by straight film actors. In one movie I saw last month, a busload of bitchy butch men, dressed as women, stopped at a deserted gas station on a lonely road to allow the passengers to go to the bathroom. In the middle of a lot of fart jokes, these passengers found themselves spooked by the ghost of a teenage Burmese girl who had been murdered by the two cruel Chinese owners of the gas station. Of course the ghost was made to speak in broken Thai (like many illegal Burmese immigrant workers in reality), just to get some laughs from the audience. Even though I could not relate to some of these neo-freaks, I got curious enough to think about a collaborative project with the film's director for the sheer differences in our way of making films. Who knows, this project might someday yield an interestingly deformed and hybrid film.

Another example of neo-freakishness is a film that I saw two years ago. It was a sort of remake of a teenage comedy very popular when I was young. The original movie was good, because every film I watched before I was 18 was good. In the new film, the original teens had grown up and become parents. One of their children was a student at a university up north. But another— our neo-freak—was a high-school boy who worried his parents with his "gay" tendencies. They noticed that he had no girlfriend and had a crush on his physical education instructor. The film used the "is he, isn't he?" tactic to tease the audience, mostly for laughs. But at least this boy kept me awake, especially in the bar scene where his dyke aunt (played by a real dyke) sang him a beautiful song, while strumming away on her guitar. I don't remember what the song was about, but maybe it was about living in harmony.

Then in the final reel, the boy revealed, to everyone's surprise, that his physical education instructor was actually a girl. Maybe I was the most surprised person in the audience, since everyone else seemed to smile with understanding and amusement. So did the lesbian aunt and all the other characters. At that moment I realized that the rebellious teens of the original movie were dead. As parents, they had become mere puppets for a brain-dead director.

Thailand's experienced of the huge financial crisis of 1997 and the political turbulence that followed (to this day), has led to a conscious revival of "All Things Thai," or "Thai-ness," in order to suck in foreign money through a touristy facade. But what is really Thai? Over the years we have been moving in obedient herds following trends in fashion, architecture, cinema, and the like. On Mondays we dress in yellow to show our love and respect for the King. I love the King, but not the multibillion baht business in yellow. During the week around his birthday, I decided not to wear yellow, and was the object of strange stares. This same year, in our tens of thousands we have been buying identical, mass-produced amulets known as Jatukarm Ramathep amulets, which are advertised as having life-saving powers: another multibillion baht business. A branch of the Ministry of Education officially put on sale its own version of the amulet, with the brand name "Riches and Longevity." The Royal Air Force came out with their version too, called "Above the Clouds, Mega-Rich," advertised as a sacred, "3-D!" object with nine rituals attached (they took the amulets to nine places in Thailand for nine authentification ceremonies apiece). These amulets even broke the sound barrier. Air Force pilots carefully placed the base materials for the amulets in their fighter jets to crash the sonic boom. The official Air Force website announced a selling price of 29,999 baht (675 euros) for amulets guaranteeing happiness, prosperity, good health, and safety. Revenues from the sales were to go to renovate a pagoda in Chiang Mai, and a temple and pagoda in Bangkok, all sacred objects from earlier times. Not long ago, the Under Secretary of the

Ministry of Labor could be seen in the newspapers proudly displaying his amulets, and stating that he had won his position thanks to his prayers to them. "I got goose-bumps when I heard that they finally appointed me!" I really believe that if one day a Thai spaceship makes the round-trip to Mars, the first thing we will do will be to make amulets out of imported Martian soil. Visually, these amulets look quite nice, like Oreo cookies, but unfortunately one cannot eat them. The father of one of my friends has one of these amulets, which he really cherishes, because, he says, it is a "first edition," and so will command a good price. This sugarless Oreo has, it seems, a life-saving power after all. But I wonder whether it can do anything to overcome our ubiquitous problems including human trafficking and extrajudicial executions.

You can see the same way of thinking if you look at our architecture. Our Government House for receiving top-class VIP foreign guests was built in a neo-Venetian Gothic style, very civilized. On the other hand, for business-class VIPs and tourists, we display our traditional Thai houses. The rest of us, however, live in basic Western-style concrete boxes, oriented to the proper Feng-shui direction to ward off evil spirits. But since many of us also aspire to live like soap-opera millionaires or powerful state officials, there are fairly cheap pseudo-classical European houses available, even if the proportions are wrong. In remote villages too, you can often see concrete houses with corrugated roofs, to which a few pre-fab Greek columns are added. It is a matter of status. With such and such a house we are entitled to receive VIP guests. Or we can play at being cultured guests in our own homes. "All Things Thai" is really simply All Things.

All of this goes with an ultra-nationalism stimulated by the great shock of the 1997 financial crash. Former Prime Minister Thaksin Shinawat successfully used nationalism to gain the sympathy of the crowd for his large political party. The current military government is using the same tool to justify the irruption of its tanks into the streets. The generals claim they acted to save the national ship from sinking. The present

Ministry of Culture has issued a special booklet for foreign tourists explaining the appropriate ways to behave toward the Thai people and their Buddhism, as if we were a species apart. Despite the Ministry's good intentions, I regard this move to be infantile and a waste of money. It shows the attitude of a state apparatus that is overprotective of the citizenry, and wishes to propagandize its own set of moral values. If the French government issued a tourist booklet of this kind, everyone would burst out laughing. The Thai booklet is a sign of the country's insecurity. Quite recently, the same Ministry of Culture drastically cut the already minuscule budget for the Office of Contemporary Art and Culture, which has been promoting emerging artists. It claimed that financially helping Thai artists to participate in international arenas was irrelevant to the Office's mission. More insecurity. The truth is that the cuts were the results of power conflicts and personal grudges, and probably a complete lack of vision. In any event, the country ends up the loser. I do not believe that the Ministry is short of funds, so long as it capable of providing us all with holy Oreos.

Whether or not our ship is sinking I do not know. But I do believe that this is a time of decay, not least because of the government's perverse abuse of the term "decadence." The other day I attended a seminar on how best to control the media, held in the same compound as the Neo-Venetian Gothic Government House I mentioned earlier. Hundreds of students, and some monks, also attended, evidently rounded up by the authorities for this publicity stunt. During a break I bumped into two of the monks taking photographs inside the VIP bathroom. One of them posed for a picture of himself in front of the door with its sign saying "For the Prime Minister." I could imagine how later they would show the photographs to their disciples and talk about the Path to Enlightenment. In the hallway there were exhibition banners listing abuses by the media, and indicating how the government would tackle them. I was startled to see, on the list of menaces to society, the item "cinema." The banner read something like this: "Nowadays,

Thai filmmakers take their films to foreign film festivals. Many of these films contain obscenities and other matters that are damaging to our country." In fact, this attitude is by no means new. Almost 30 years ago, a Thai film called *Theptida Bar 21* was among the entries invited to be shown at an Australian film festival. The board of censors insisted that the director cut a scene in a slum, on the grounds that if the outside world knew that Thailand had slums this would damage the country's prestige. This mentality still lives and thrives. The board usually claims it is protecting innocent young minds. But the reality is that they are protecting their own 10-year-old, and not at all innocent, minds. As the seminar wore on, my thoughts drifted to other "deviant" materials that the government has censored or banned. For example, more than ten classic songs were banned for "promotion of adultery," and similar claims were made in banning dance moves on TV, as well as countless films, VCDs, and DVDs. It seems that the values of the banned items are not Thai, and belong only to the decadent West. In Thailand today one can watch a DVD and find five-minute sections blotted out by a mosaic of pixelation. Smoking is so dangerous that the public is not allowed to see anyone lighting up. The censors blur them all. And what do we do? We submit and we decode. Thai viewers automatically imagine behind the blurs and mosaics what they are not allowed to see—depending on the narrative, cigarettes, tits, asses, and so on. Many of our youngsters are not bothered by this kind of censorship because they have learned how to decode it from the spread of illegal DVDs filled with images of real cocks and cunts.

At the same time, in TV soap operas one can see at any moment people beating each other up or gunning each other down. (In fact, just yesterday I watched a soap in which a guy shot another at point blank range even though he was already covered in blood.) It seems we like to satisfy our homegrown barbaric nature in the standardized privacy of our living rooms. Outside, we prefer to display our civilization (captured from other exotic lands), coupled with our famous Siamese smiles. We adore Japanese cars, European clothes and accessories, American movies. The expressions on the faces of young girls on our TV programs are identical to those of Japanese teens. The rules: when you are excited, clutch your hands, hold them near your chin, and shake your head. When you are in love, cross your clutched hands on your chest. Naturally, we love Rain—the Korean pop idol for whom most young and not-so-young Thai women, and some men, would gladly trade their current boyfriends or husbands. Still, even if we all agree that Rain is hot, I would like to warn him, personally, to watch out. The country is still divided into many classes, similar to the jostling tectonic plates that create tsunamis. There are too many plates of politics, religions, tastes, and, above all, taboos. You can be idolized one day, and hated the next, or even put in jail. The fall of the Thaksin regime is a good example. Thaksin was imprudent enough not to bother with fogging his own image. He must have forgotten that we live by decoding. Now the military government is fogging hard. Internet websites have been shut in large numbers; some independent radio stations have been forcibly closed. But the authorities should not forget how good we have become at decoding. Youtube is currently banned, but many people know how to access it using special software. It is the same with life, which we cannot easily live "in a straight line." We have to zigzag (sometimes the best synonym of this word is "be corrupt"). Thaksin zigzagged. The junta is zigzagging. Thailand itself has been doing this for centuries, killing off some values, appropriating others along the way. So it is hard for me to fathom what our "national identity" is supposed to mean.

I am writing this text in my hometown, Khon Kaen, 450 kilometers northeast of Bangkok. Sitting in what was "my room" when I was a teenager, I reread the above passage and wished I could say something more cheerful. Today I drove my mother into town, and noticed that the nice old market has been torn down and replaced by ugly standardized concrete hulks. I wondered how Leo, the Swiss photographer, could manage

to make them more appealing than they are
in reality? Perhaps in the golden evening light?
I doubt it would work. The buildings are not even
kitsch. Not a single one has fake Roman columns for me to muse about. Still, if we are Leo's
freaks, it could be that he will find the right
angle to satisfy his craving. Maybe my town,
and our country, reflects the sadness of never
having fought for our independence. This is why
we eat everything and anything. And now we
are so full that we do not know how to digest
the jumble of contents in our overstuffed bellies.
My beloved monsters are lost in this vast debris.
The structure of my favorite cinema still stands.
At some point it became a snooker-hall, and
later a boxing arena. Today it is closed for good,
and very dirty. Inside it is dark, with only ghosts
staring at the blank screen.

One evening, I took Mickey and Minnie bicy-
cling in the town park. Mickey is my 10-year-old
nephew, and Minnie my 3-year-old niece. A lot
of people had come, each with their own way of
playing: badminton, mass aerobics, jogging, and
strolling. At one end of the park there was a
gigantic cage, so huge that it looked like a black
spaceship on an empty lawn. It was the town's
miniature zoo. With Minnie behind me, we rode
our two bikes around the cage, peering at the
silhouettes of the creatures imprisoned within.
Amazingly, there were many trees inside the
cage, which camouflaged the animals from our
view. Then I noticed a concrete staircase leading
up to one of the high metal beams beneath the
cage's roof. At that moment, we spotted a flock
of peacocks on the ground, and Mickey told me
that if we waited till morning, we would see these
birds display their multicolored feathers. Then
he pointed and said, "Look, there's a peacock
walking up the stairs!" We watched the peacock
as it reached the top of the staircase and
hopped over to perch on the beam. What was it
thinking as she gazed at the setting sun? Did
it sense the excited energy radiating from the
two little human beings I was with? Then the other
peacocks followed, gently climbing the stairs
and resting on the same high beam.

Highways & Landscapes
An Anthropology of
New Suburban Spaces

Pascal Beausse

The post-global city sees its function as awakening desires, preferring to sell dreams rather than solve problems. It develops in a disjointed series of urban prostheses, protected oases, enclaves, zones, and ghettos, aesthetically graded according to the social classes they are intended for. It is built with reference to a mosaic of models disseminated by the legendary American lifestyle, reproducing its standard model.
Las Vegas could be its original crucible. Dubai is its ultimate expression: the monstrous prototype of a futuristic phantasm, transferred directly into reality from the computer screen where it was designed—camouflaging the often-disastrous human and social consequences of such a practice.

Bangkok looks like a cut-price adaptation of that American dream, on the southeastern Asian outskirts of the empire.[1] There we can observe the phenomena of the accelerated development common to the cities on the Pacific shoreline of Asia, in their architectural and town-planning dimensions. Contemporary urban space has been becoming apparent there over recent decades in an exceptional economic and social dynamic. The acceleration in the implantation of a new architecture, imported from the West and coupled with megalopolis-scale town planning, has been

imposed on a tradition derived from an age-old heritage of ancestral practices. Thus two spaces that are very different in historical terms are superimposed on one another. The forward movement forced by the economic boom has produced this interleaving of two concepts of space, in parallel with a transformation of daily life.

Leo Fabrizio's project consists of observing the spatial consequences of this phenomenon of rapid transformation of cities under the influence of globalization. In the photographic sequence entitled *Dreamworld*, he depicts this clash between dream images, and the reality on the ground. The new Thai city emerges here in its architectural and town-planning disruptions as a societal program subordinate to the political imperatives of the ruling junta. The ultra-rapid development of the Thai megalopolis at the beginning of the 21st century is subject to imperatives of social control, masked by promises of happiness. The recent history of Thailand, shaken by political instability, convulsive movements, and social spasms, demonstrates the difficulty of adapting to new lifestyle models.
    The project of providing a photographic description of this paradoxical situation is summed up in the artist's clear-sighted analysis: "A people that believes it is reaching its dream

1. See Antonio Negri and Michael Hardt,
    Empire, Harvard University Press,
    Cambridge, Massachusetts 2000.

is a people that does not rebel." Architecture is understood as a tool deployed by those in power in order to control any stray thoughts of protest. However, at regular intervals social order in Thailand breaks down, in a succession of uprisings by opponents in yellow shirts, then red shirts. The dream of a house of one's own and access to ownership continues to develop apace, in a context of social and territorial upheavals brought about by the separation of spaces.

In order to describe the built context of this phenomenon, Leo Fabrizio has developed a well thought-out procedure for investigating actuality, by looking into the multiple and contradictory realities of the city in depth. His preferred tool for showing them—the view camera of the "painter of modern life"—enables him to carry out an analytic scrutiny of the urbanized territories under consideration. His use of the photographic medium as a way of depicting contemporary realities means he is following in the wake of a history of documentary photography, which was the basis of the project for a considered act involving the depiction of the physical and concrete coordinates of the world. By reinventing the idea of documentary requirements in line with the development of contemporary photography, he makes use of several registers of images, which can be adapted to the subject observed and allow the construction of a composite "portrait of a city."

Walter Benjamin explored the possibility of creating the portrait of a unique city through small touches in a literary way, by accumulating notes derived from a daily experience of his familiarity with the space and fragments garnered from his reading. For him it was a question of producing a montage associating objectivity and subjectivity, acquired knowledge and personally experienced impressions. This novel formula for the production of a kaleidoscopic image of the city, nurtured by the renewal of scopic regimes and the gearing down of the velocity systems enabling us to travel through the city, corresponds to Dziga Vertov's cinematographic method. Depicting the city consists of traveling through it in all its dimensions in order to try and reconstitute its multiplicity of simultaneous realities.

In the contemporary period of the history of photography, developed within the visual arts system, the revival of the documentary protocols of depicting the city and the built environment has been inspired by the analytical theories of Conceptual art. From the great plan for an immediate archaeology of the anonymous industrial world constructed by Bernd & Hilla Becher to the all-embracing description of Sunset Strip in Los Angeles by Ed Ruscha, the idea of an objective and systematic representation of a given urban and architectural situation has continued to develop.

These serial protocols inspire the method of documentary and accumulative recording of part of Leo Fabrizio's project; the artist resorts to the regular, frontal depiction of the facades of detached houses in the same street of a housing estate. This objective descriptive principle allows him to show the conception by duplication of one and the same model of suburban tract homes. Since these houses unfold in long friezes along the streets, he photographs them frontally one by one and obtains a set based on the principle of their multiple presence and the infinitesimal variations in their construction. Hung in a grid, on five superimposed levels, this series of photographs of a collection of homes belonging to the same estate builds its aesthetic appeal from the monotony of the succession of the houses in real space. The different states of progress in the building or their appropriation by the residents endow the whole group with a visual system based on difference and repetition.

Dreamworld is constructed as an arrangement of distinct photographic groups. Leo Fabrizio brings together complementary systems of representation. Thus the style of his images moves successively from the serial protocol to the category of landscape picture, from a descriptive objectivity to an oneiric suggestion.

Large lightboxes are used to convey the dream
images generated by the postmodern imagination
on which visual communication of a new Thai
city has been constructed. The overhead motor-
ways run toward an Eden-like horizon symbolized
by a bronze-colored sunset, seeming to ignore
the social reality down below—like a metaphor
for the harsh verticality of society.

A series of photographs in landscape format
depicts the system of organization of gated
communities—those enclaves intended for the
new affluent middle class, cut off from the city,
and protected by private guards—the border
between public space and privatized space, that
boundary between a space with no qualities
and a space over-influenced by an international
aesthetic, thumbing its nose at vernacular culture.

The entrance to a leisure park provides the title
for this huge collection of pictures. The words
"Dream World" mark the closed space they indicate
with their aesthetic of entertainment—and give
this project its title. *Dreamworld*, like a logo
for a company selling a lifestyle, sold in a pack-
age with the architecture that promotes it.

Dreamworld acknowledges its debt to Dan
Graham's seminal *Homes for America* (1966–1967).
Leo Fabrizio's *Homes for Thai* is an anthropology
of space at the time of the disappearance of
utopia. In the formulation of his photographic
investigation there is a quality very specifically
rooted at a local level, in a very particular place
in the world's geography, but there is also a
universal dimension. Starting with the case of
Thailand, Leo Fabrizio puts forward an anthropo-
logical diagnosis of the disappearance of
the city.

In this dislocated landscape, what still indicates
the existence of a city? Huge advertising hoard-
ings announcing pharaonic house-building programs tower above basic shacks on stilts. Two
completely disjointed spaces are superimposed in
these images. Dreams and poverty. The artificial
hedonism in denial of the daily struggle to
survive, under the infamous symbolic weight

of fallacious images of communication. These are
no longer signs of a city, but signs of consumerism
from a way of life sold with the disappearance
of the city, regarded as archaic. Cities are places
of meeting and exchange; the spaces invented
by the globalized suburban culture deny and
prevent that civility.

The articulation of the diptych *Future Park*
into a field and a counter-shot provides a good
description of this paradoxical space: the gigantic publicity structures that are intermingled
with the ancestral habitat are opposite a shop-
ping mall with its facades covered with logos,
served by an expressway. It is the perfect defini-
tion of the non-place. This is an ideal setting to
locate a science-fiction novel with a social theme
inspired by the visionary J.G. Ballard, foretell-
ing a catastrophe fomented in the traffic jams
between the supermarket and the island villa.
All the neuroses of dissatisfaction, frustration,
and boredom can be fed at this fountain of the
psychopathologies that go with hypermodernity.
There is a break in the process of individuation:
a collective social body cannot be constructed
in the middle of this power station for the generation of ugliness. The wrongful use of the words
"Future," "Dream," and "Paradise," transformed
into empty inoperative slogans, will not change
things in the slightest.

So Bangkok appears in the light of a laboratory
for the city of the future. A city of control con-
ceived according to town planning based on fear,
stifled by individualism, the neuroleptic drugs
of the society of excessive consumption with the
aspiration to private ownership as the ultimate
end purpose of bloodless lives. A bad dream.

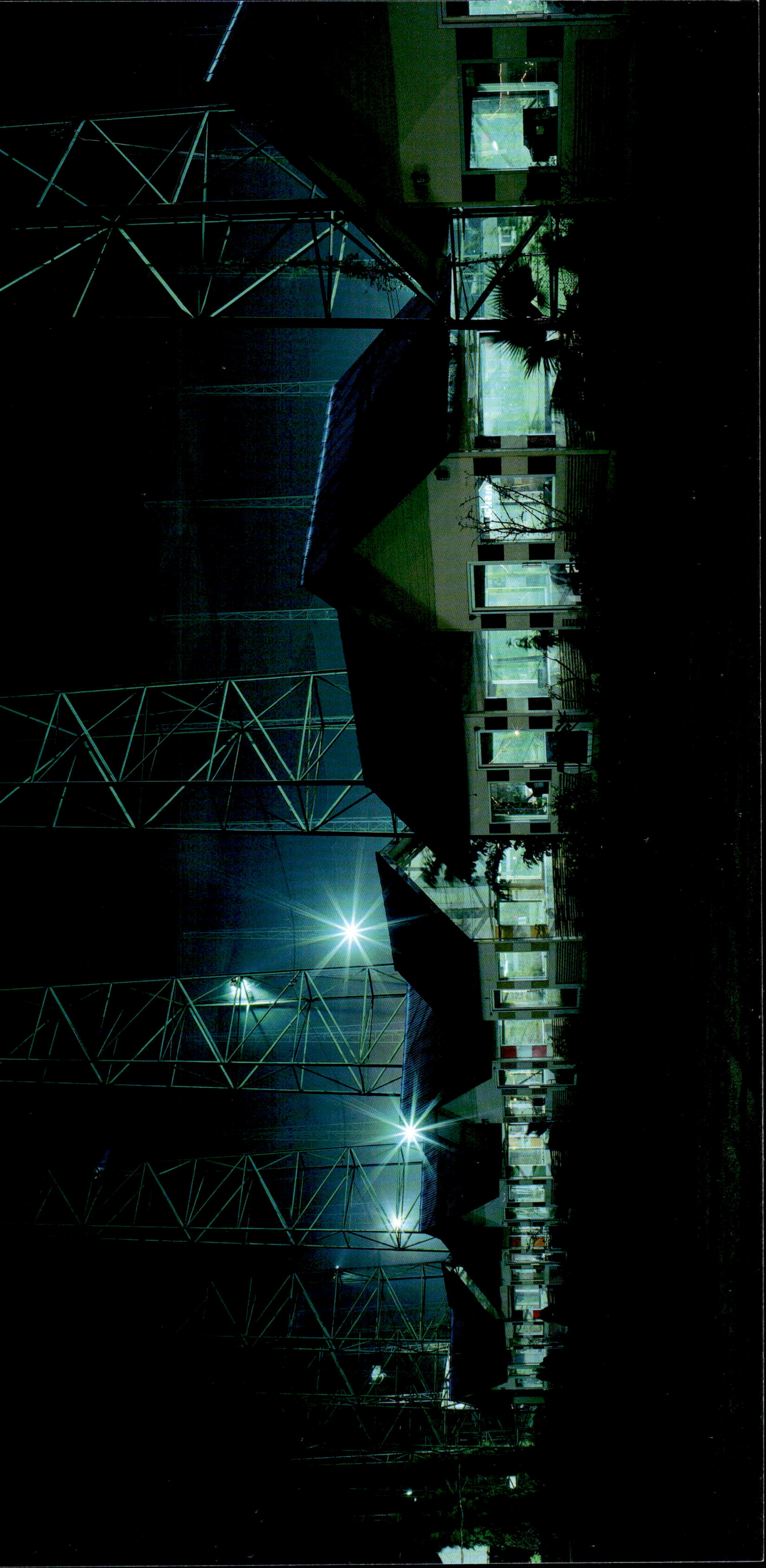

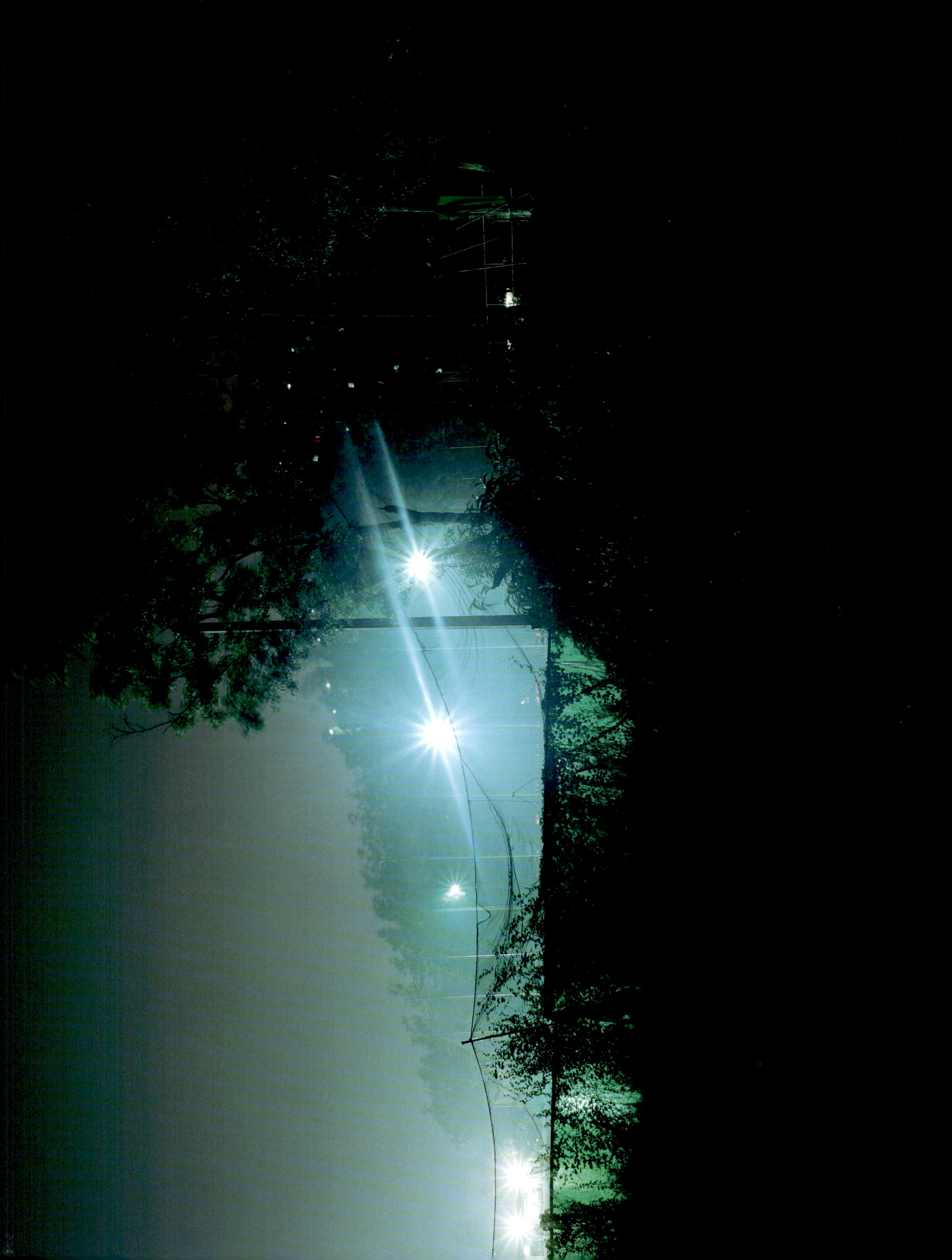

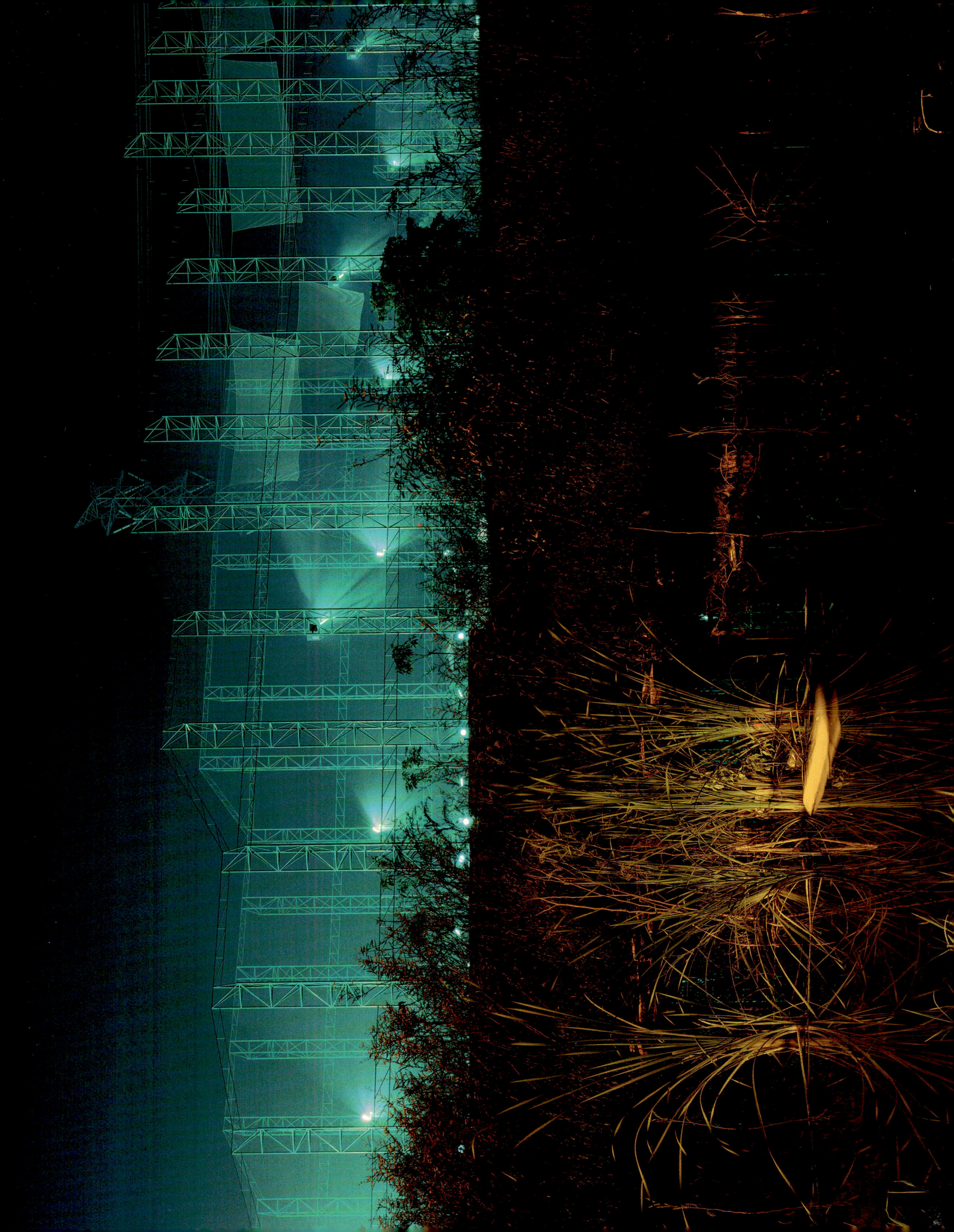

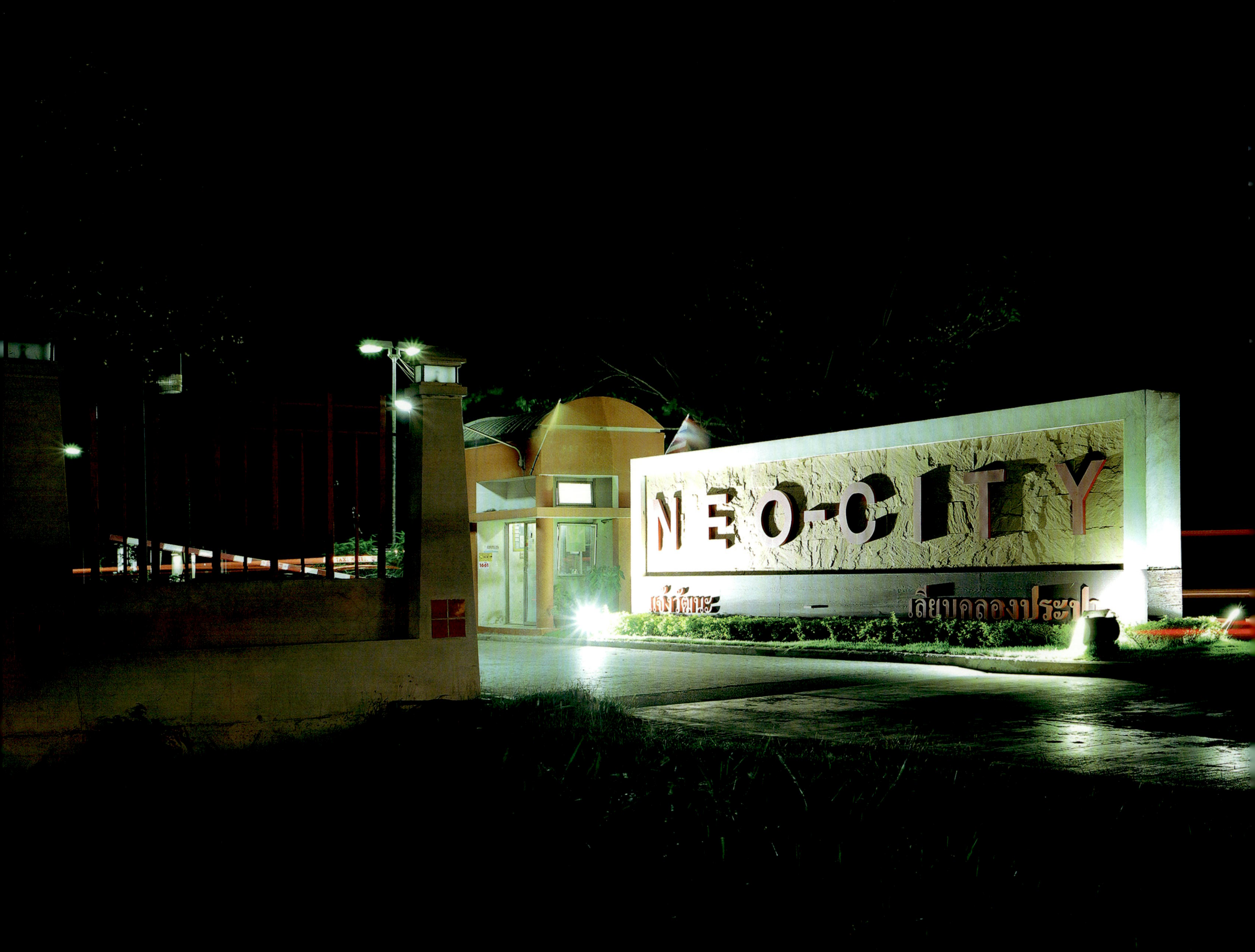

NEO-CITY
แจ้งวัฒนะ
เลียบคลองประปา

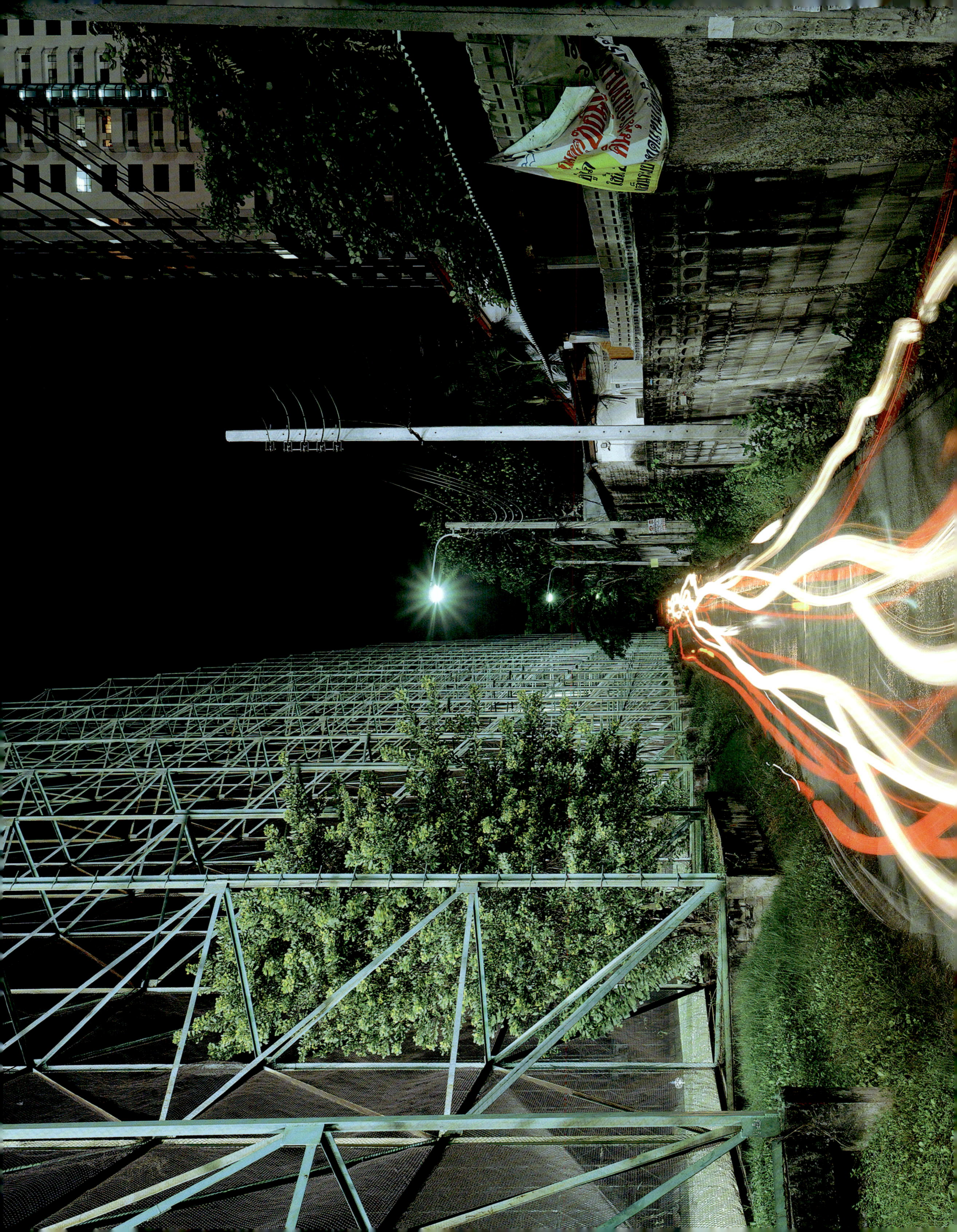

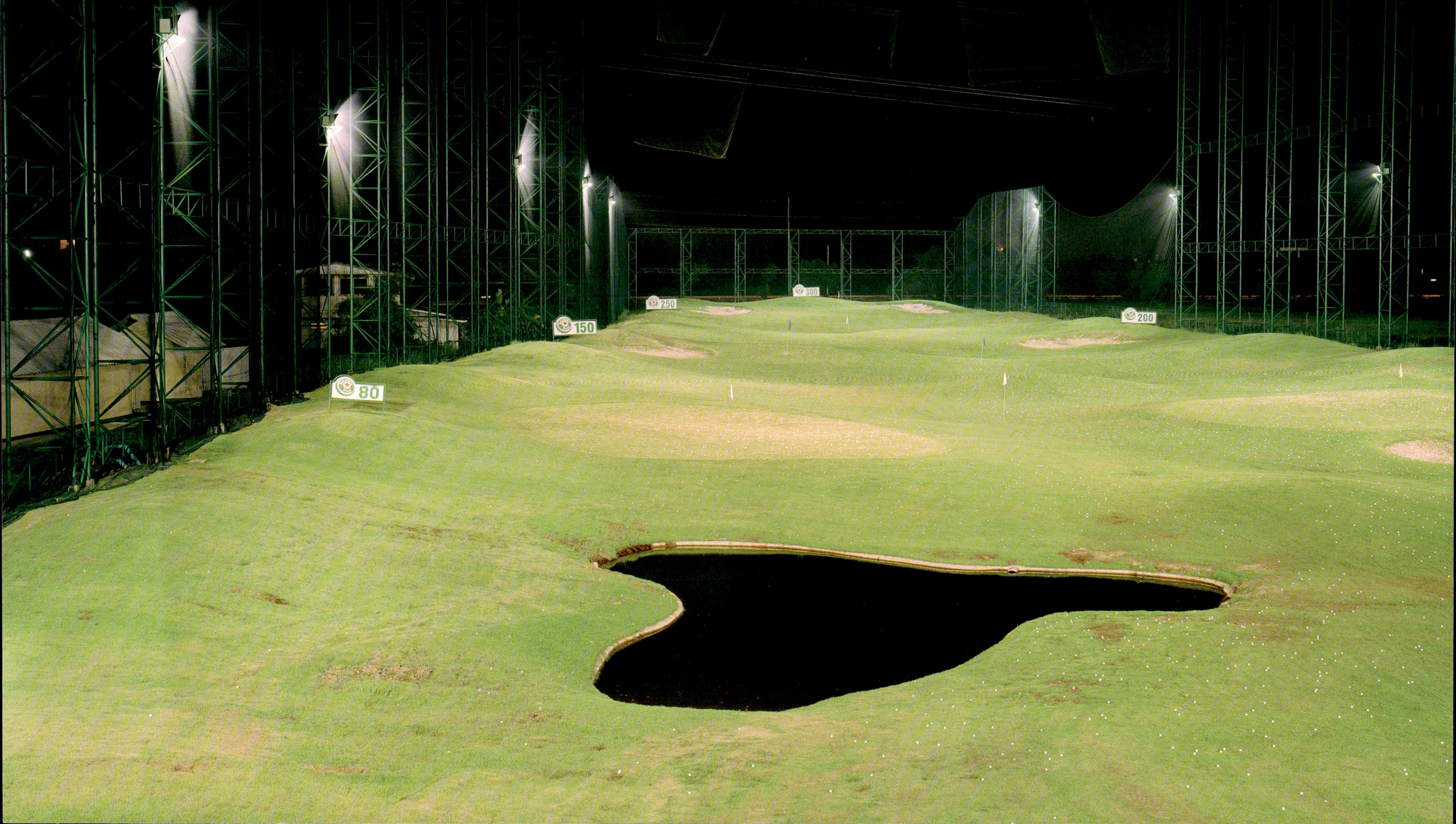
80
150
250
300
200

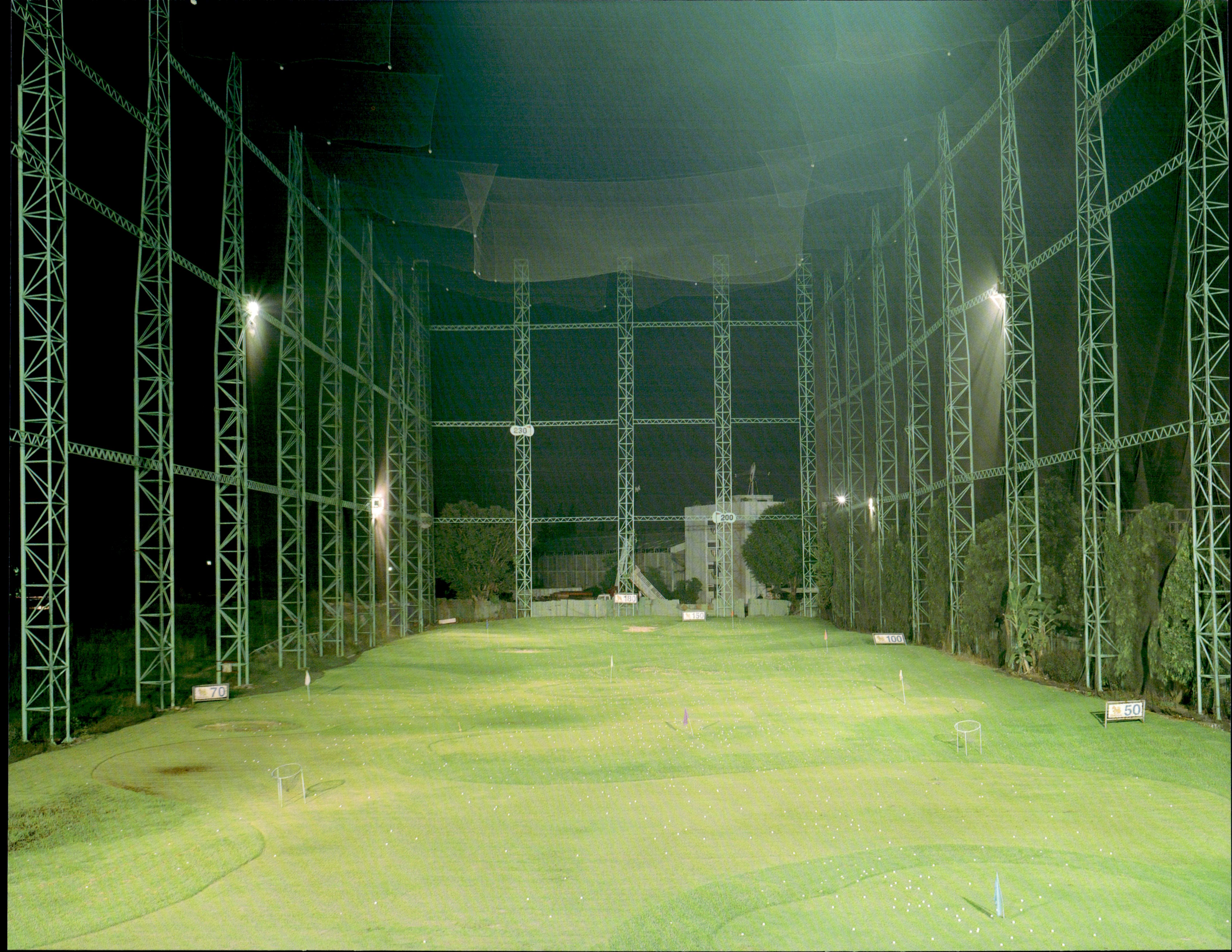

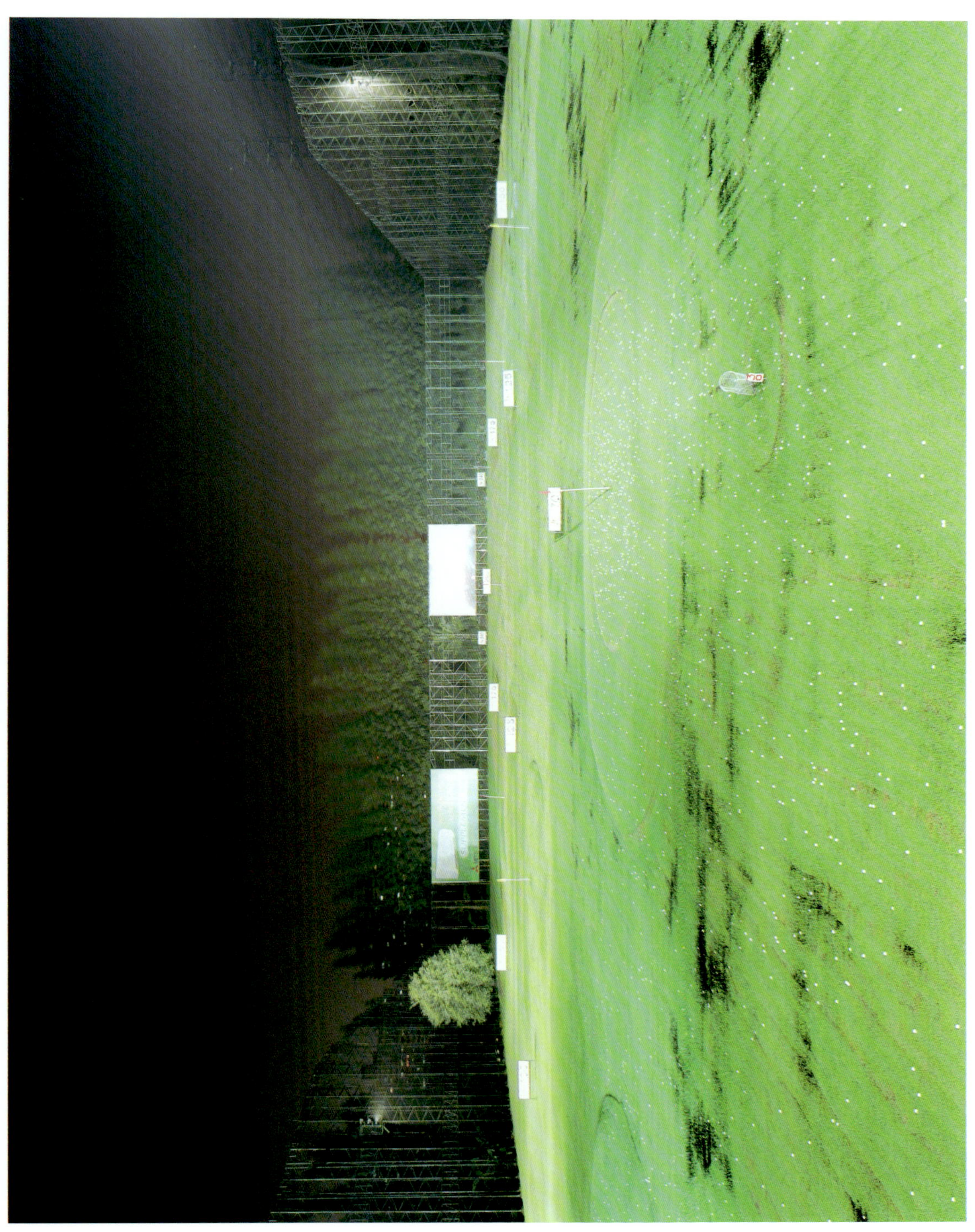

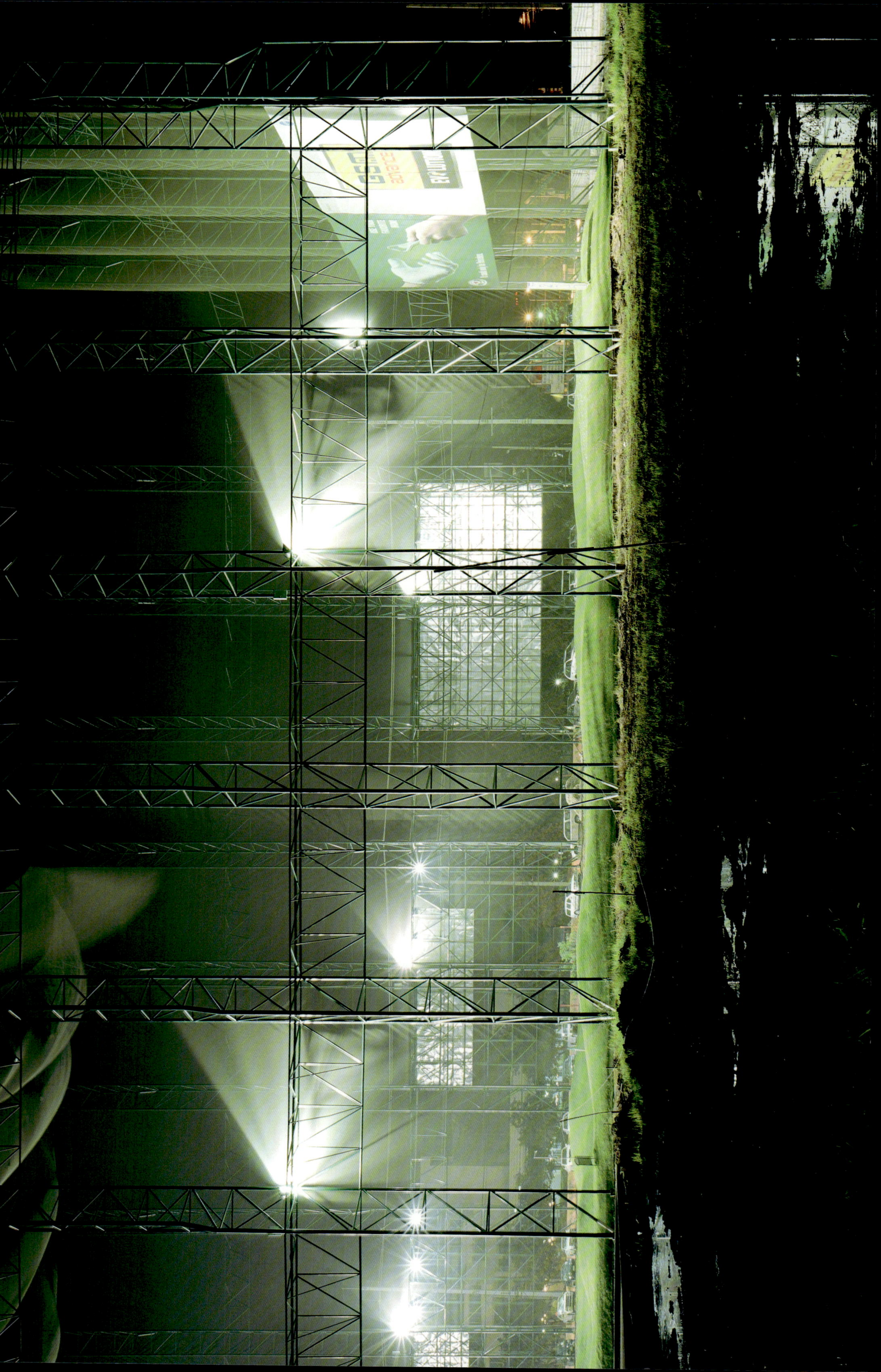

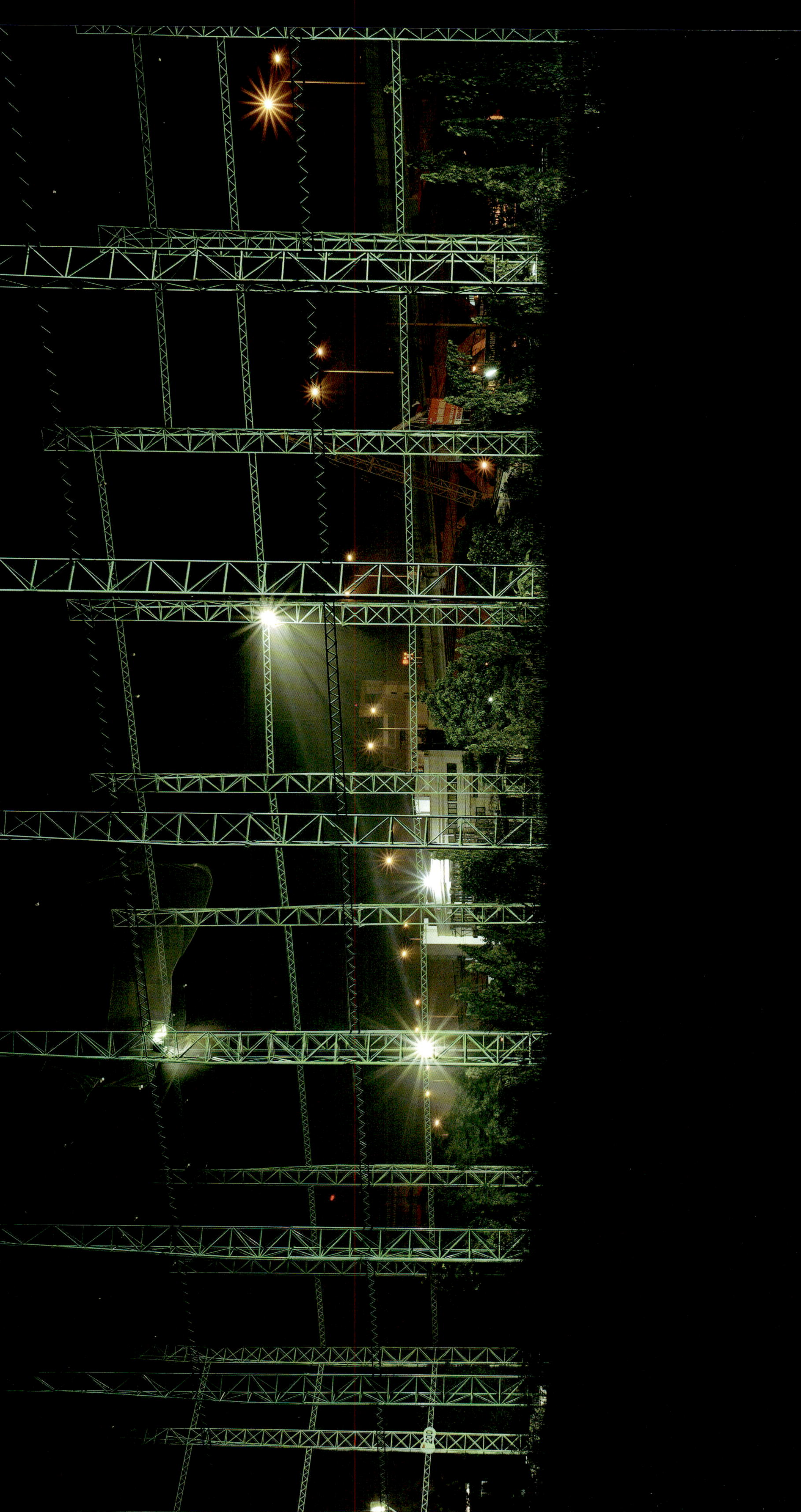

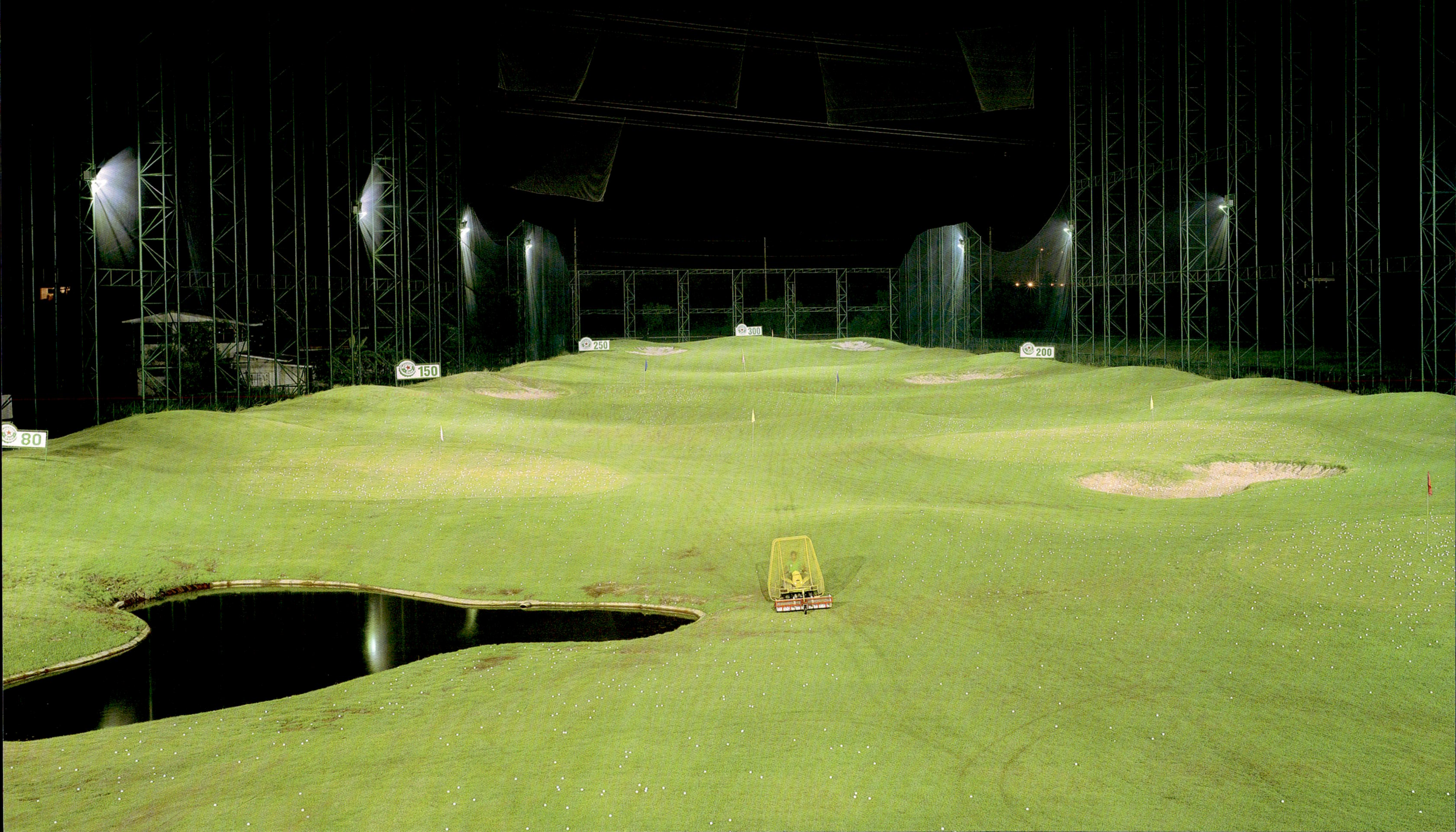
80
150
250
300
200

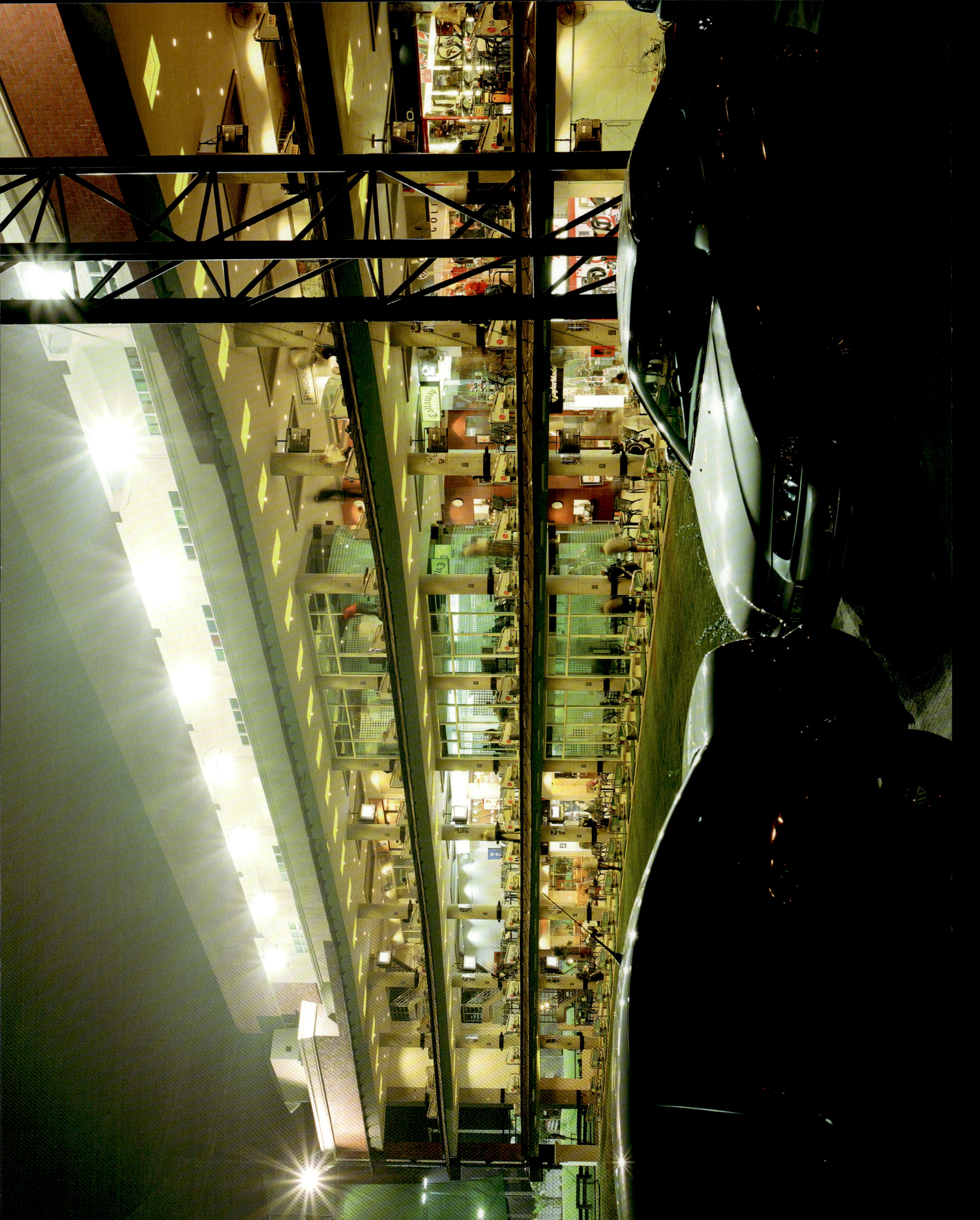

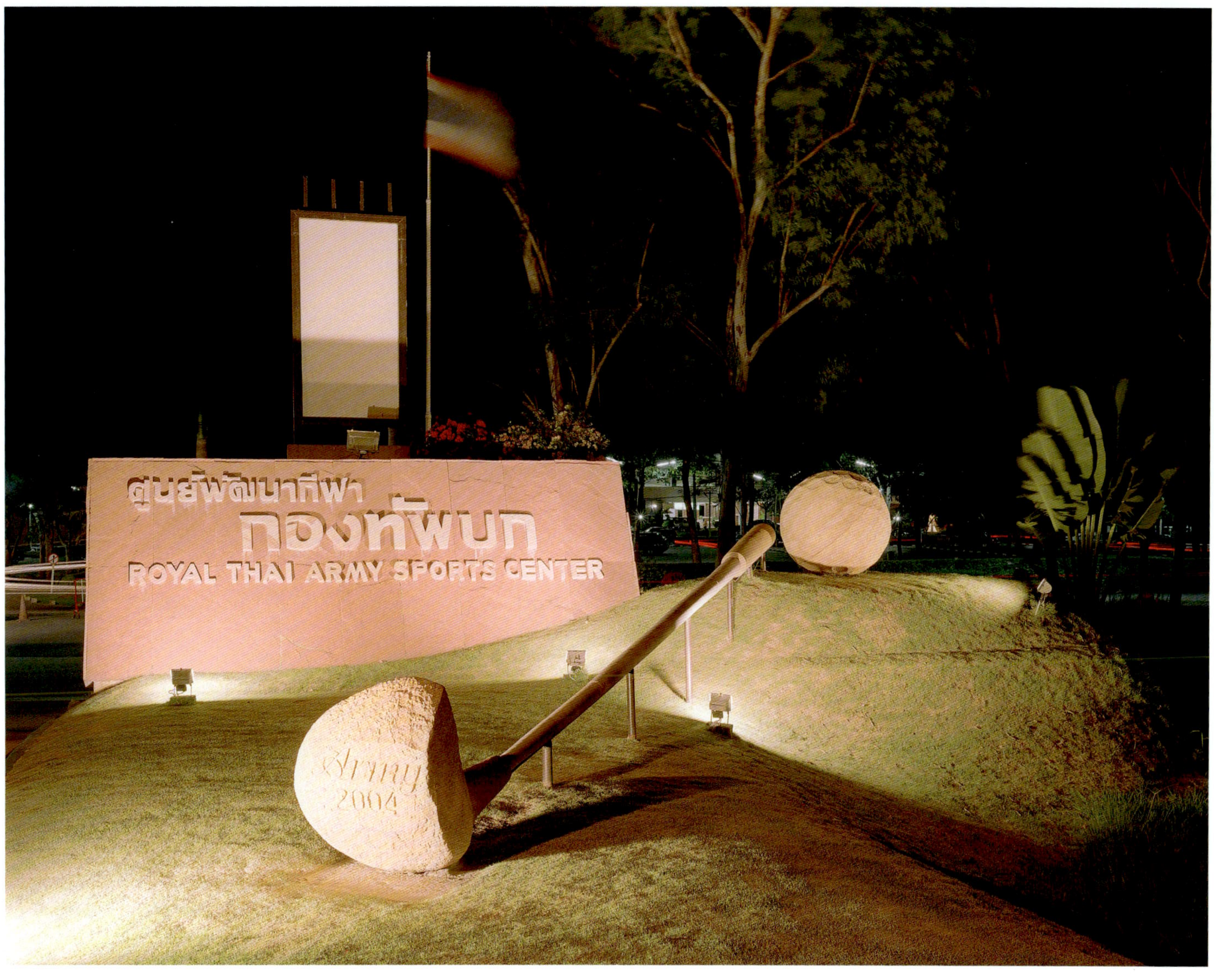

ศูนย์พัฒนากีฬา
กองทัพบก
ROYAL THAI ARMY SPORTS CENTER
สามัญ
2004

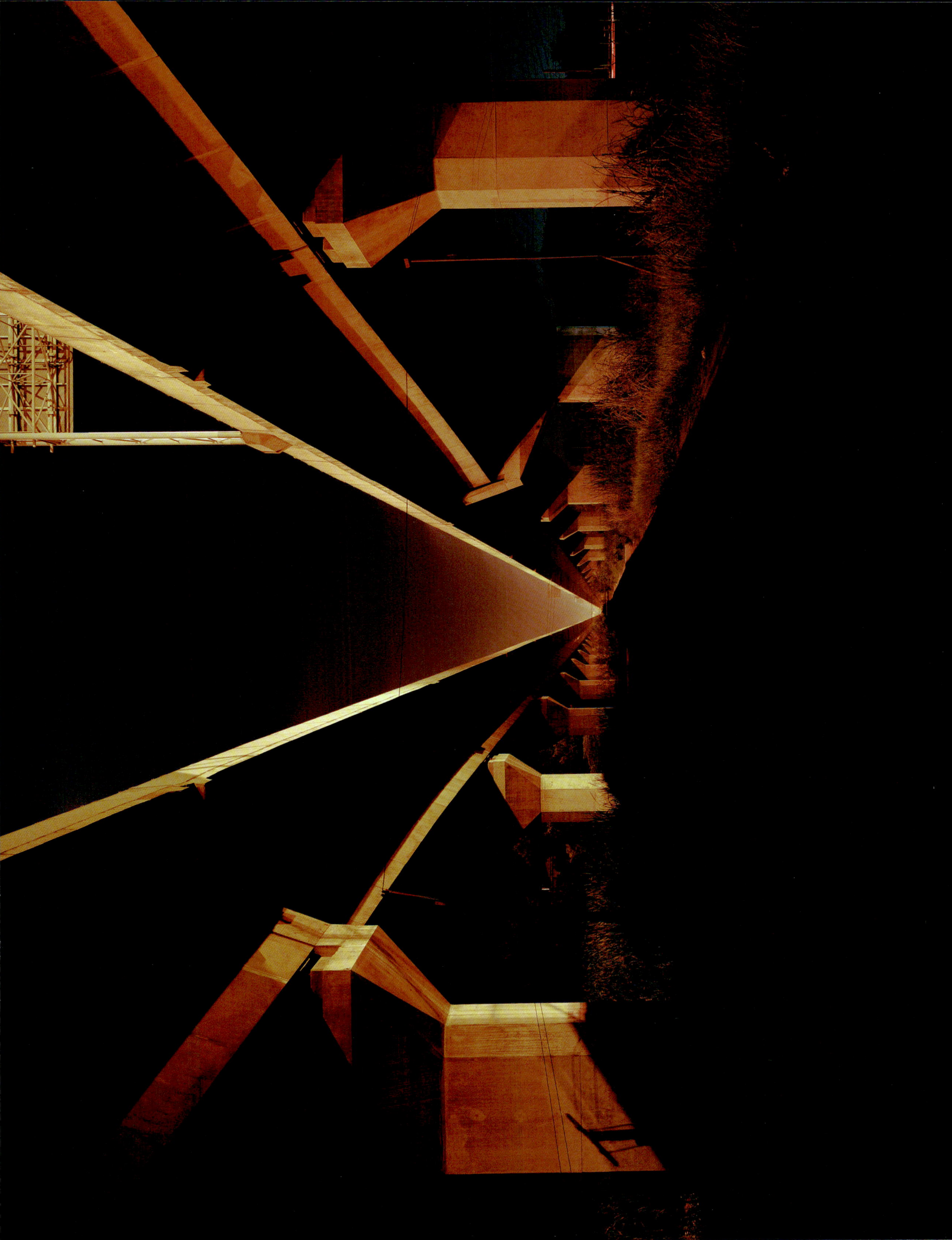

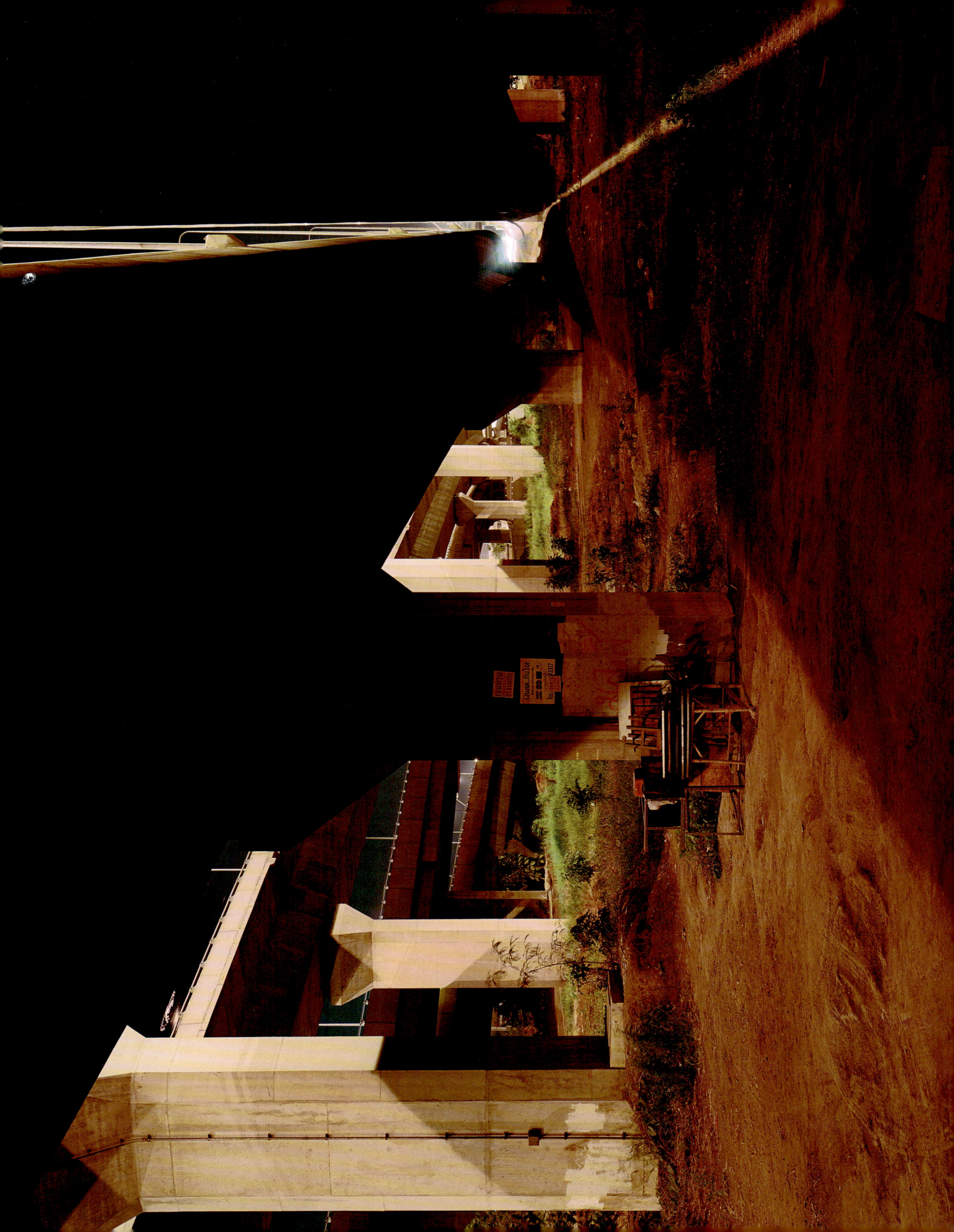

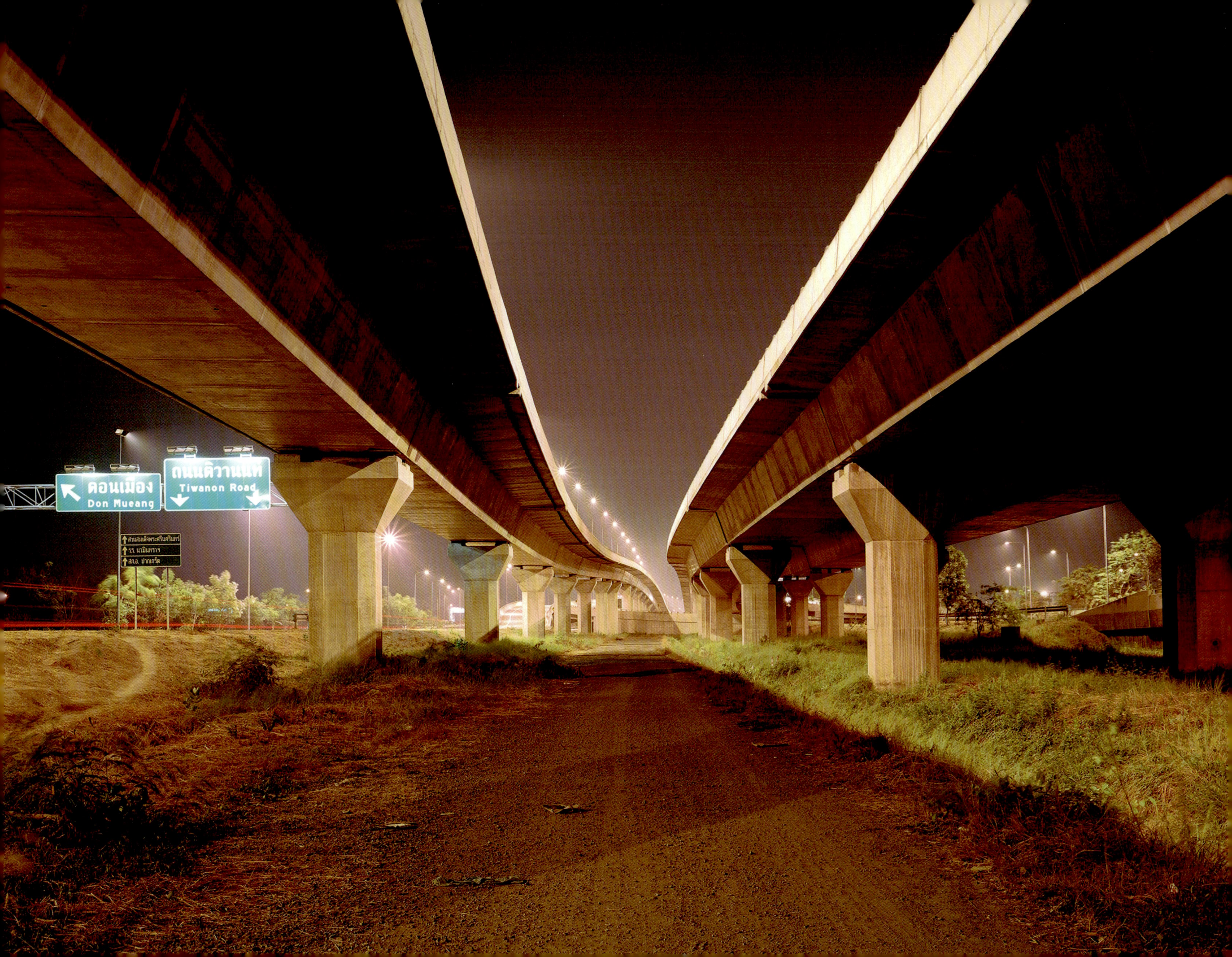
ถนนติวานนท์
Tiwanon Road
ดอนเมือง
Don Mueang

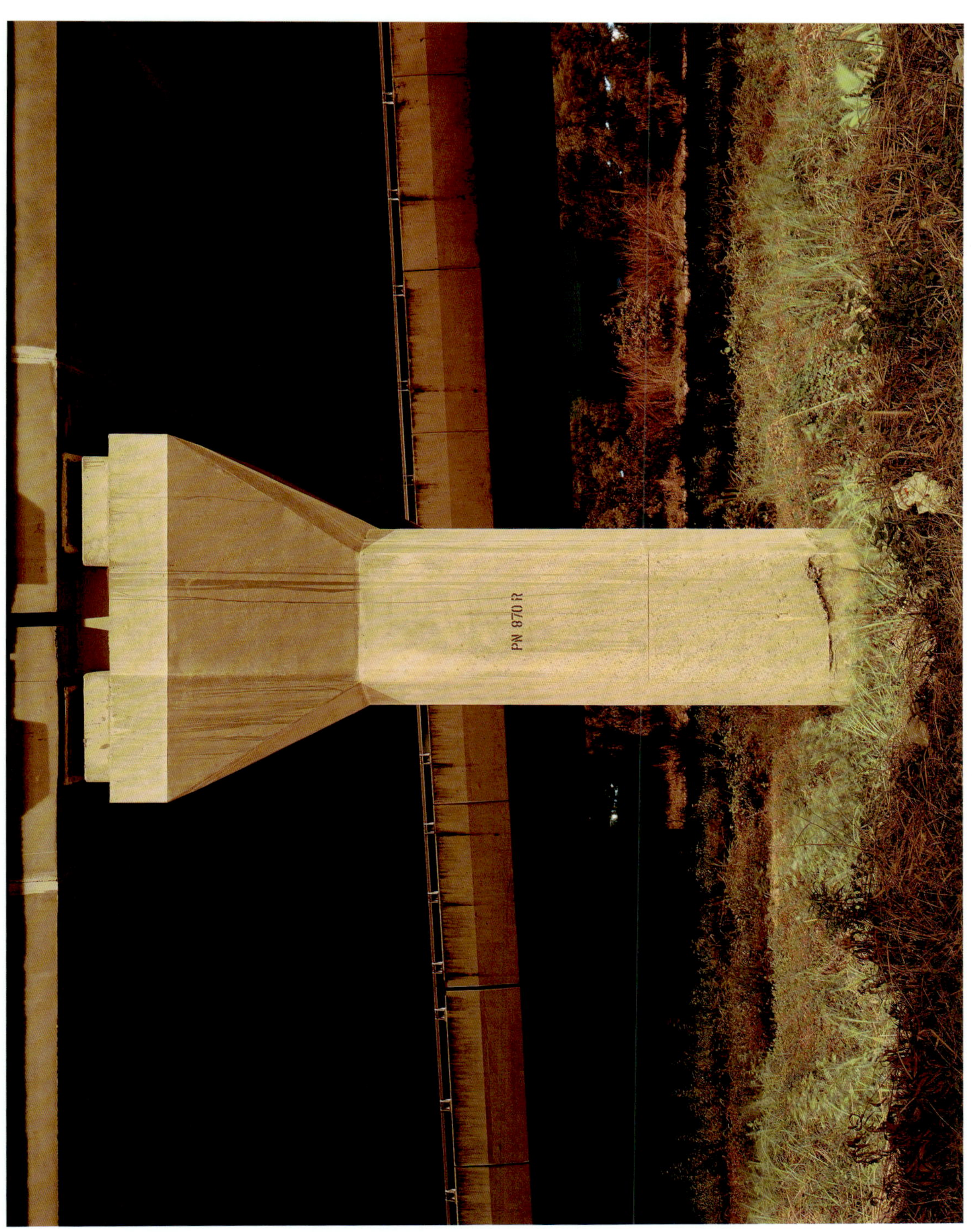
PN 870 R

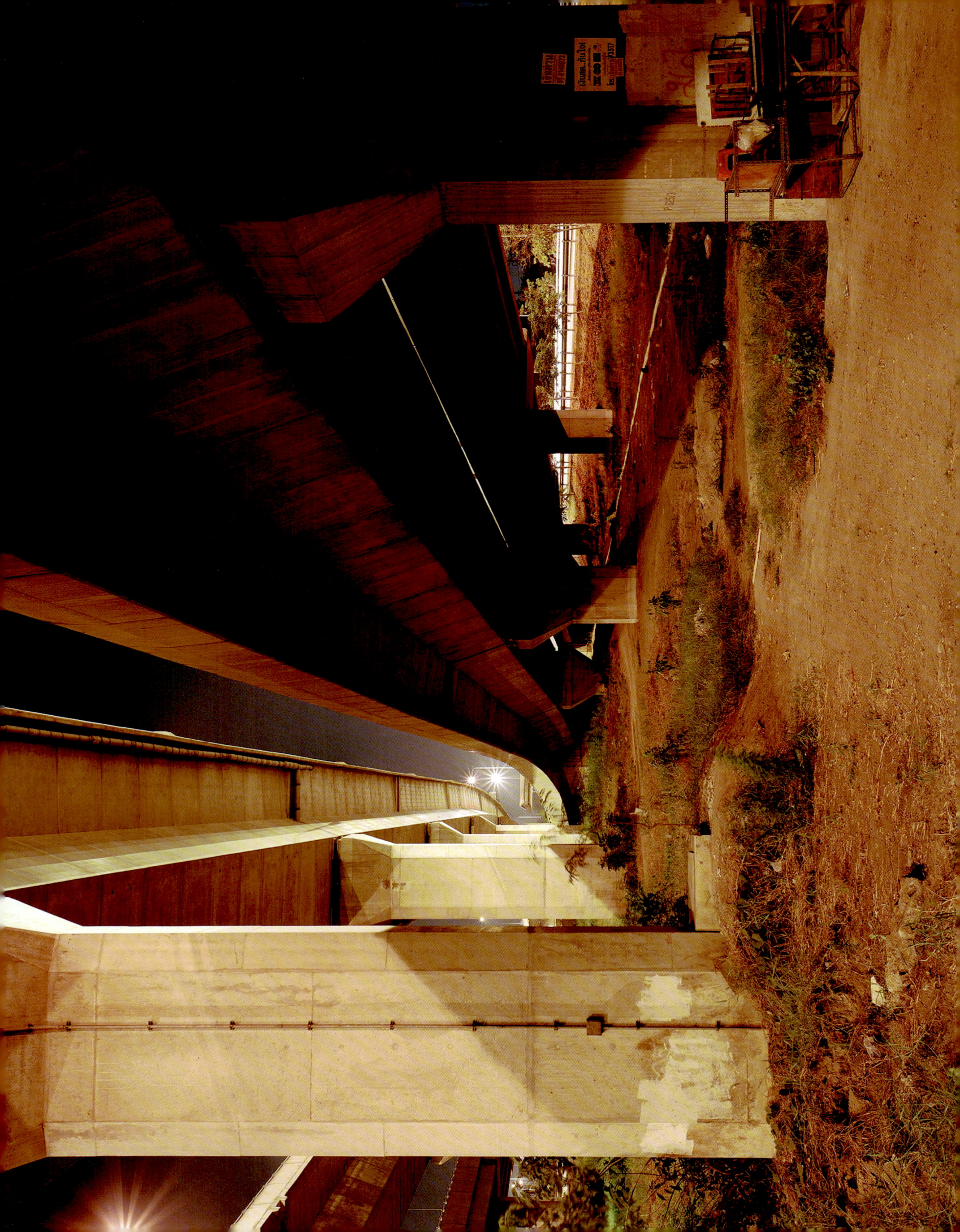

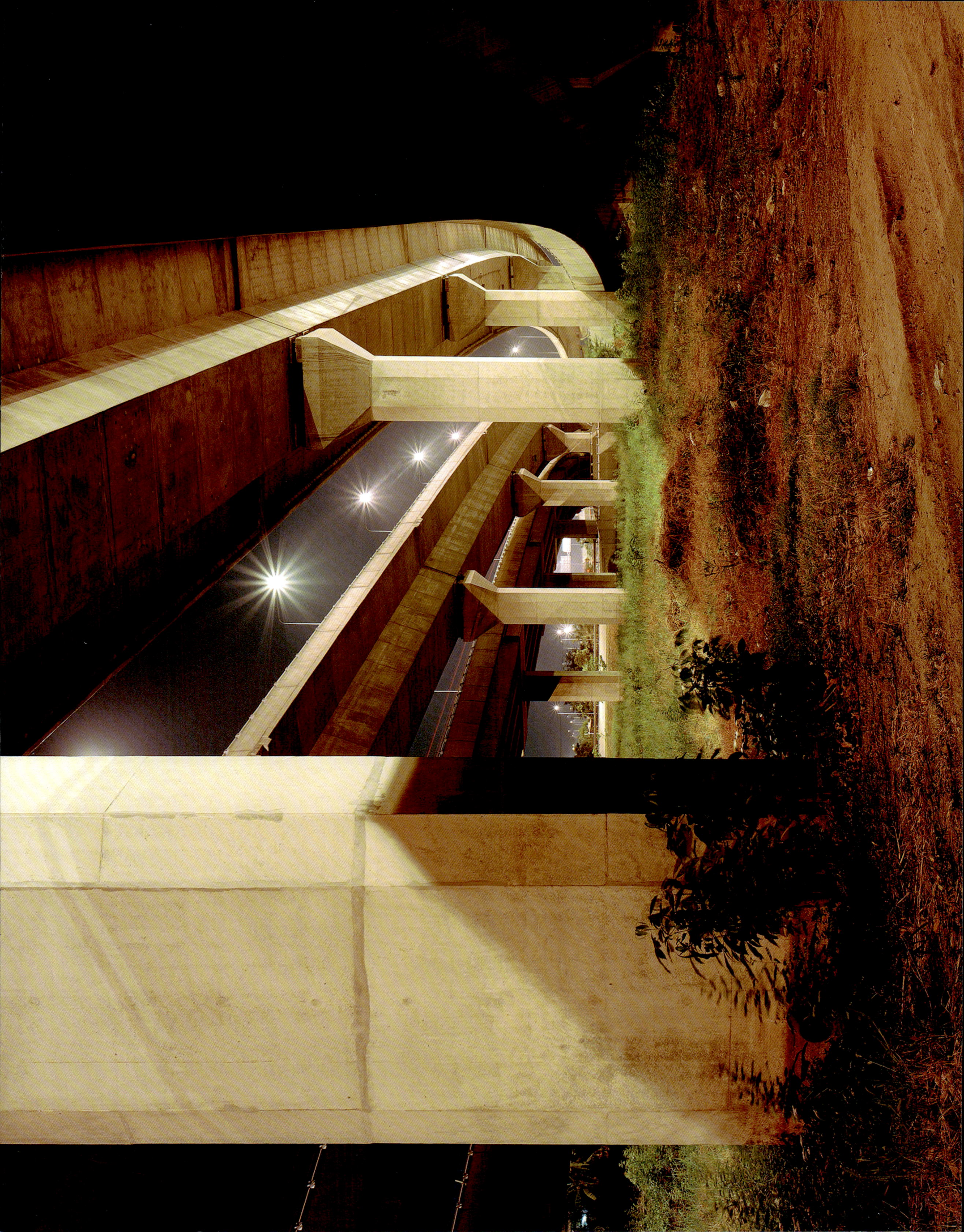

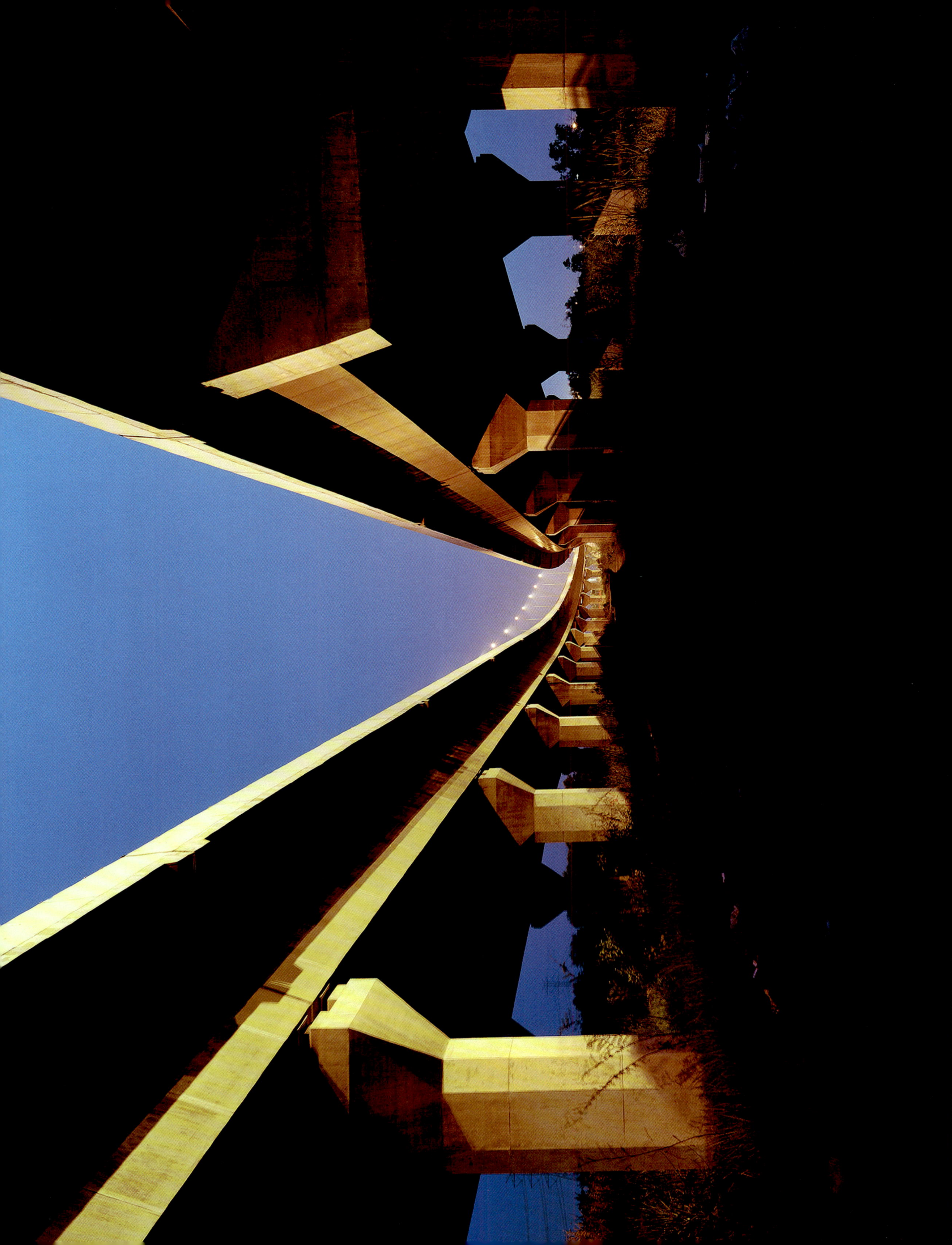

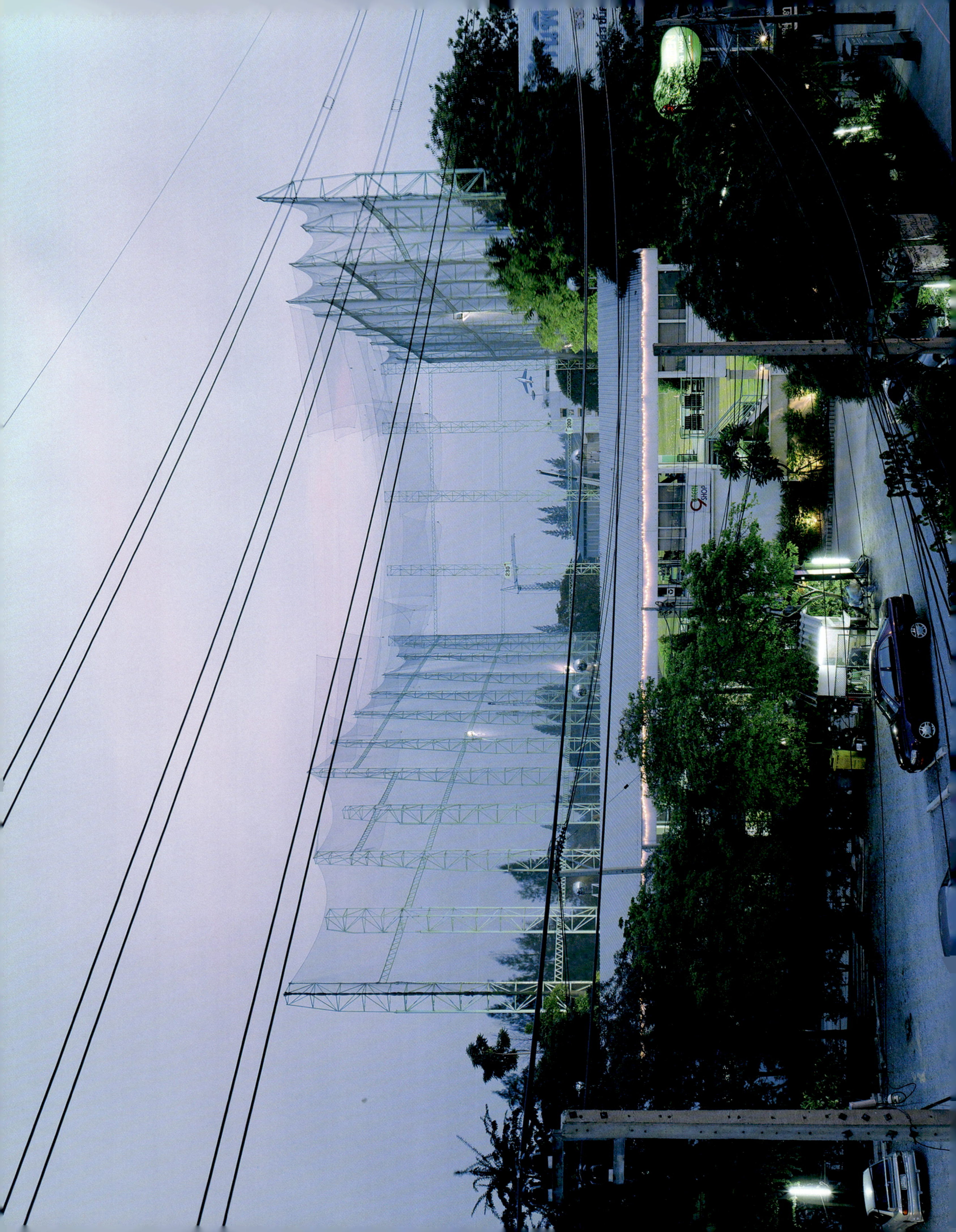

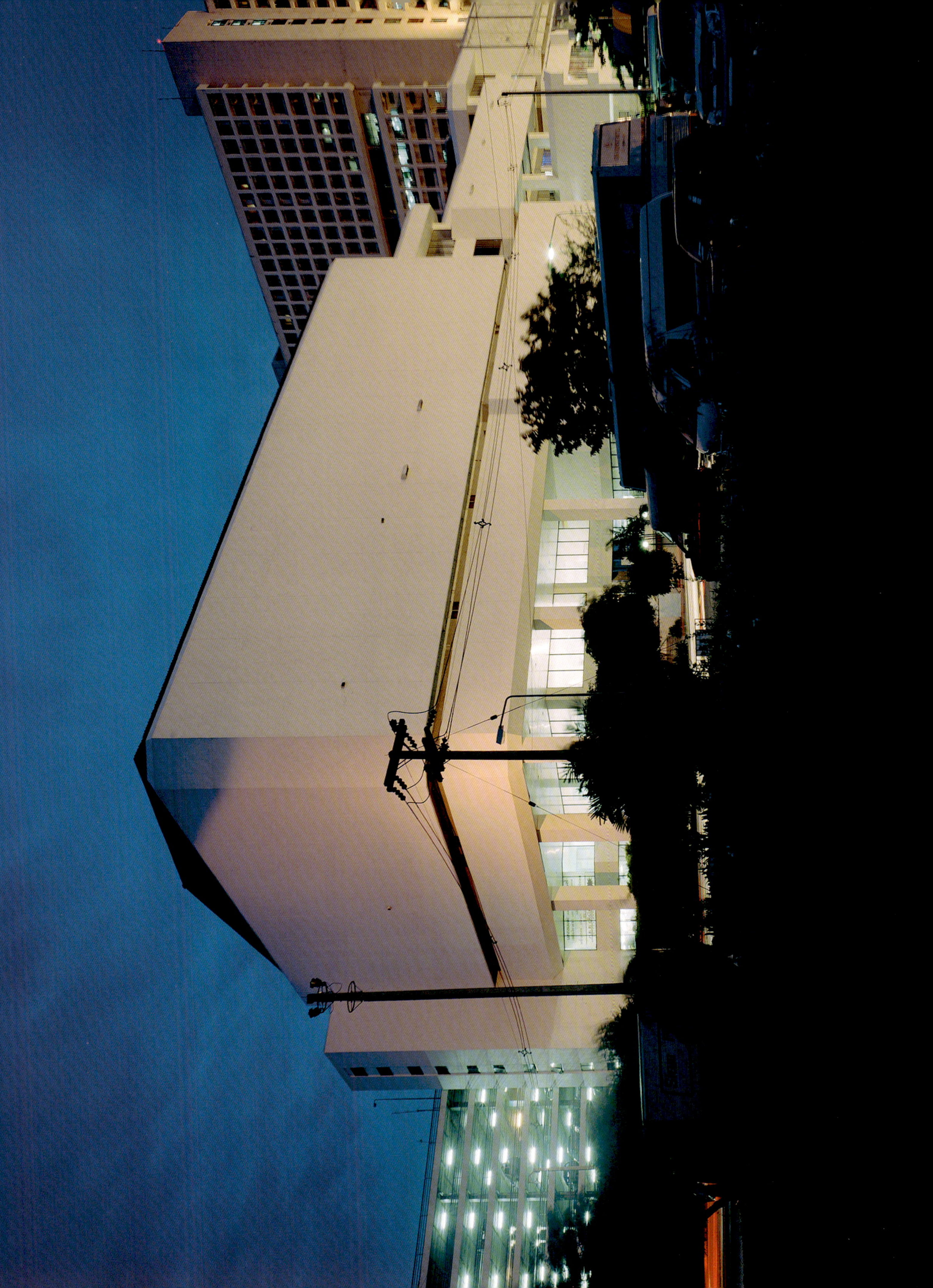

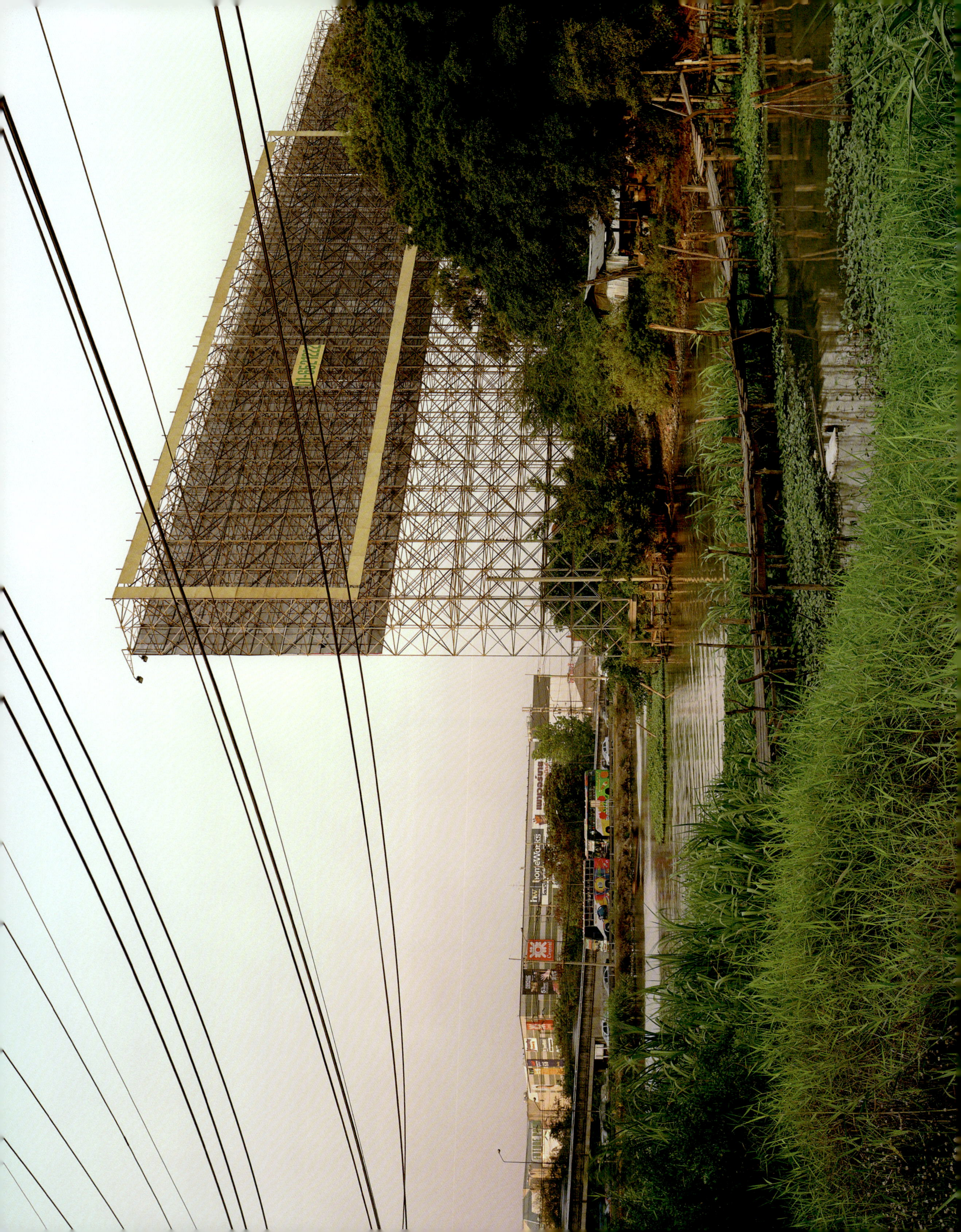

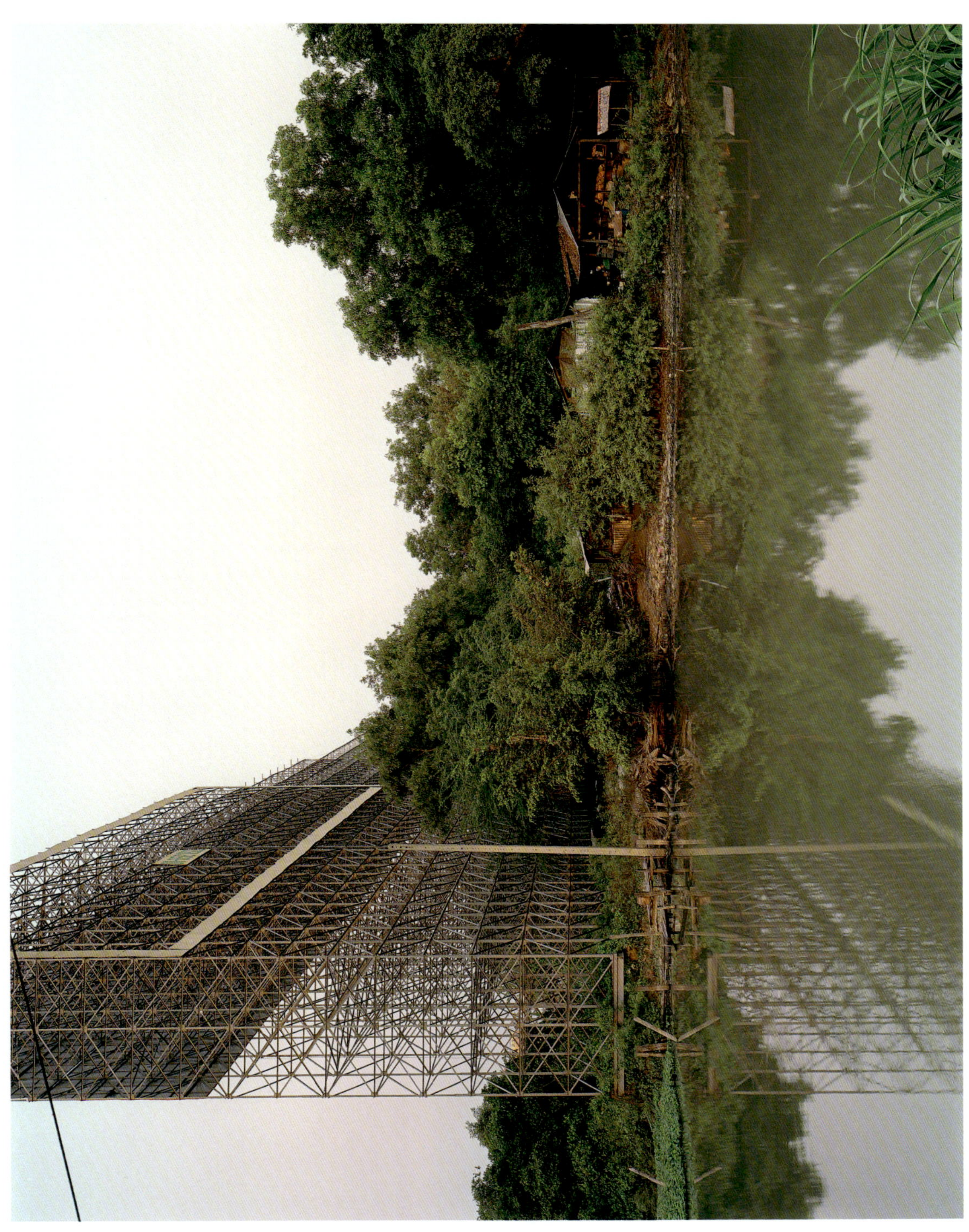

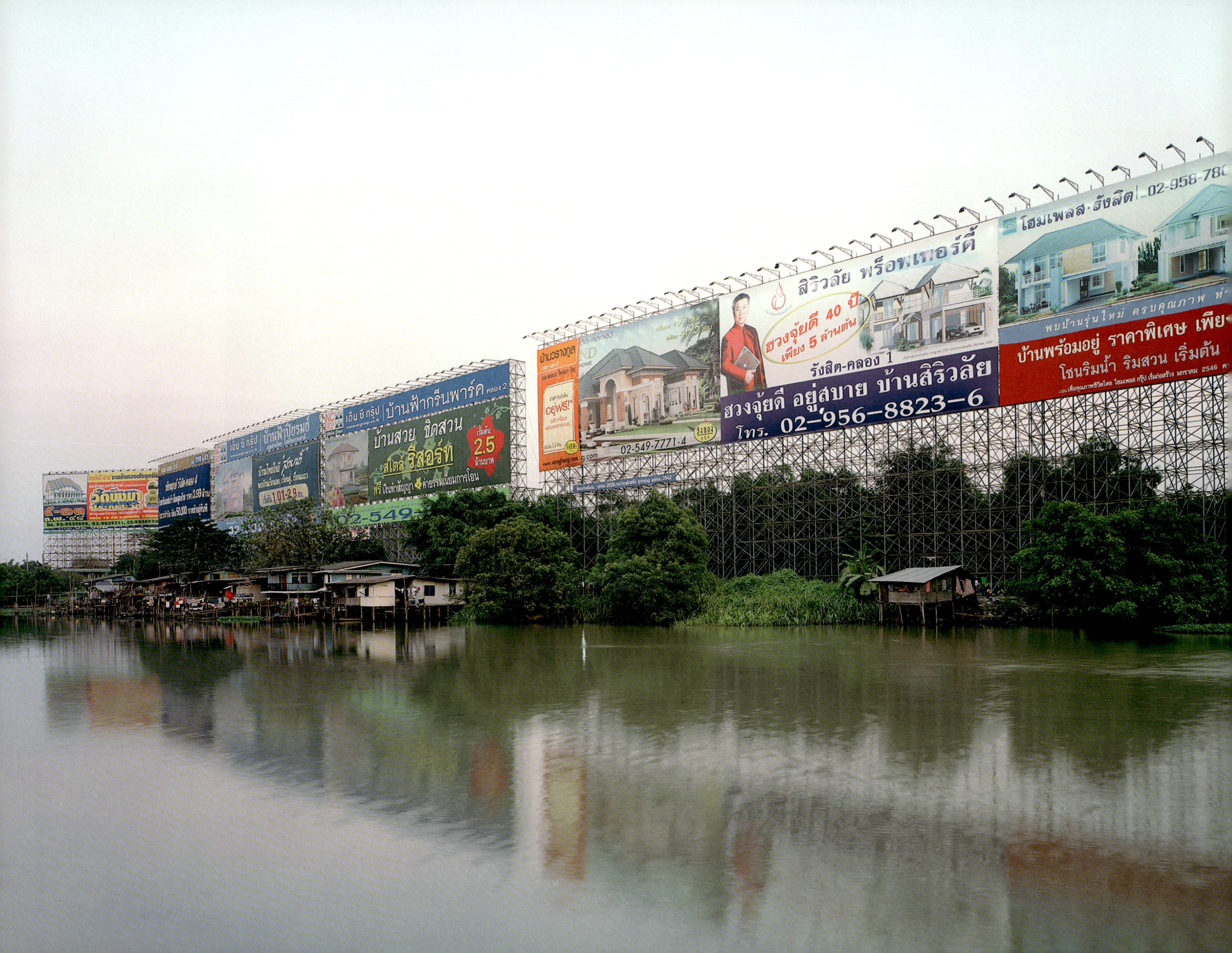
โฮมเพลส.รังสิต 02-958-780
สิริวลัย พร็อพเพอร์ตี้
ฮวงจุ้ยดี 40 ปี
เพียง 5 ล้านต้น
รังสิต-คลอง 1
ฮวงจุ้ยดี อยู่สบาย บ้านสิริวลัย
โทร. 02-956-8823-6
บ้านพร้อมอยู่ ราคาพิเศษ เพีย
โซนริมน้ำ ริมสวน เริ่มต้น
02-549-7771-4
เอ็น ซี กรุ๊ป บ้านฟ้ากรีนพาร์ค คลอง 2
บ้านฟ้าปิยรมย์
บ้านสวย ชิดสวน
สไตล์ รีสอร์ท
2.5 ล้านบาท
อยู่ฟรี!
02-549
วัดบันมา
5-69

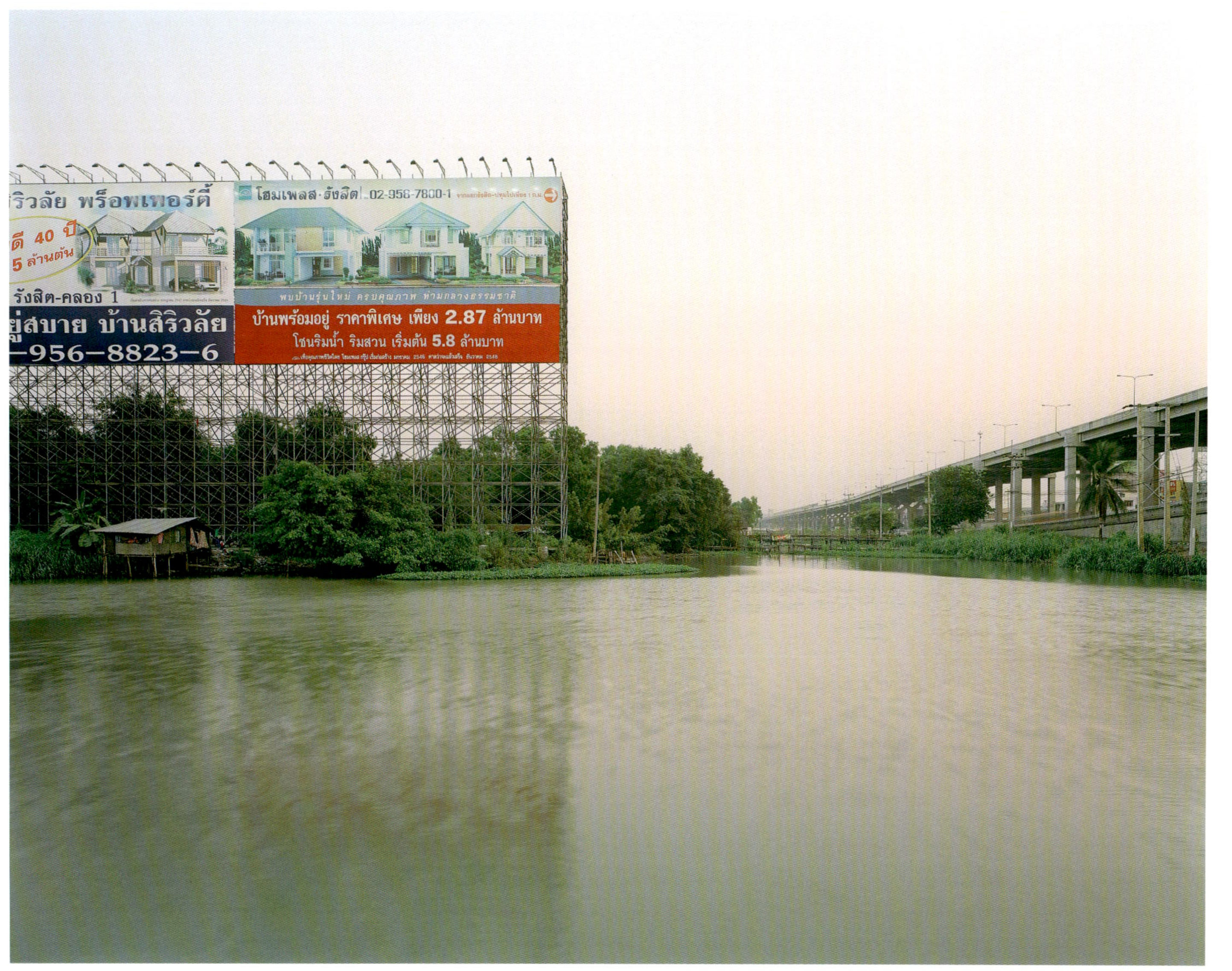
โฮมเพลส·รังสิต 02-956-7800-1
ริวลัย พร็อพเพอร์ตี้
ดี 40 ปี
5 ล้านต้น
รังสิต-คลอง 1
ยู่สบาย บ้านสิริวลัย
956-8823-6
พบบ้านรุ่นใหม่ ครบคุณภาพ ท่ามกลางธรรมชาติ
บ้านพร้อมอยู่ ราคาพิเศษ เพียง 2.87 ล้านบาท
โซนริมน้ำ ริมสวน เริ่มต้น 5.8 ล้านบาท

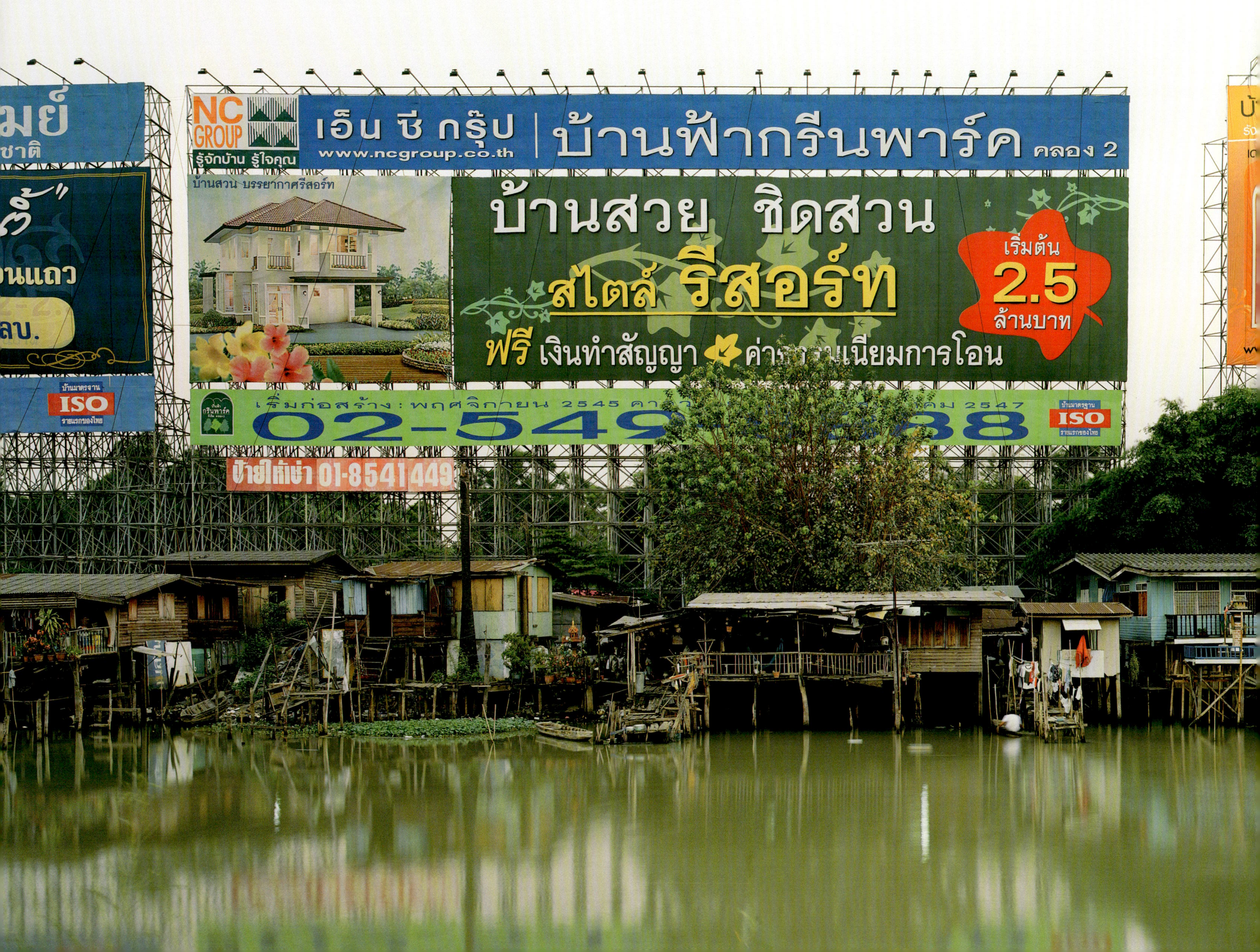

NC GROUP
รู้จักบ้าน รู้ใจคุณ
www.ncgroup.co.th
เอ็น ซี กรุ๊ป
บ้านฟ้ากรีนพาร์ค คลอง 2
บ้านสวน บรรยากาศรีสอร์ท
บ้านสวย ชิดสวน
สไตล์ รีสอร์ท
ฟรี เงินทำสัญญา ค่าธรรมเนียมการโอน
เริ่มต้น 2.5 ล้านบาท
เริ่มก่อสร้าง : พฤศจิกายน 2545 คาดว่า
ISO
02-549-88
ป้ายให้เช่า 01-8541449

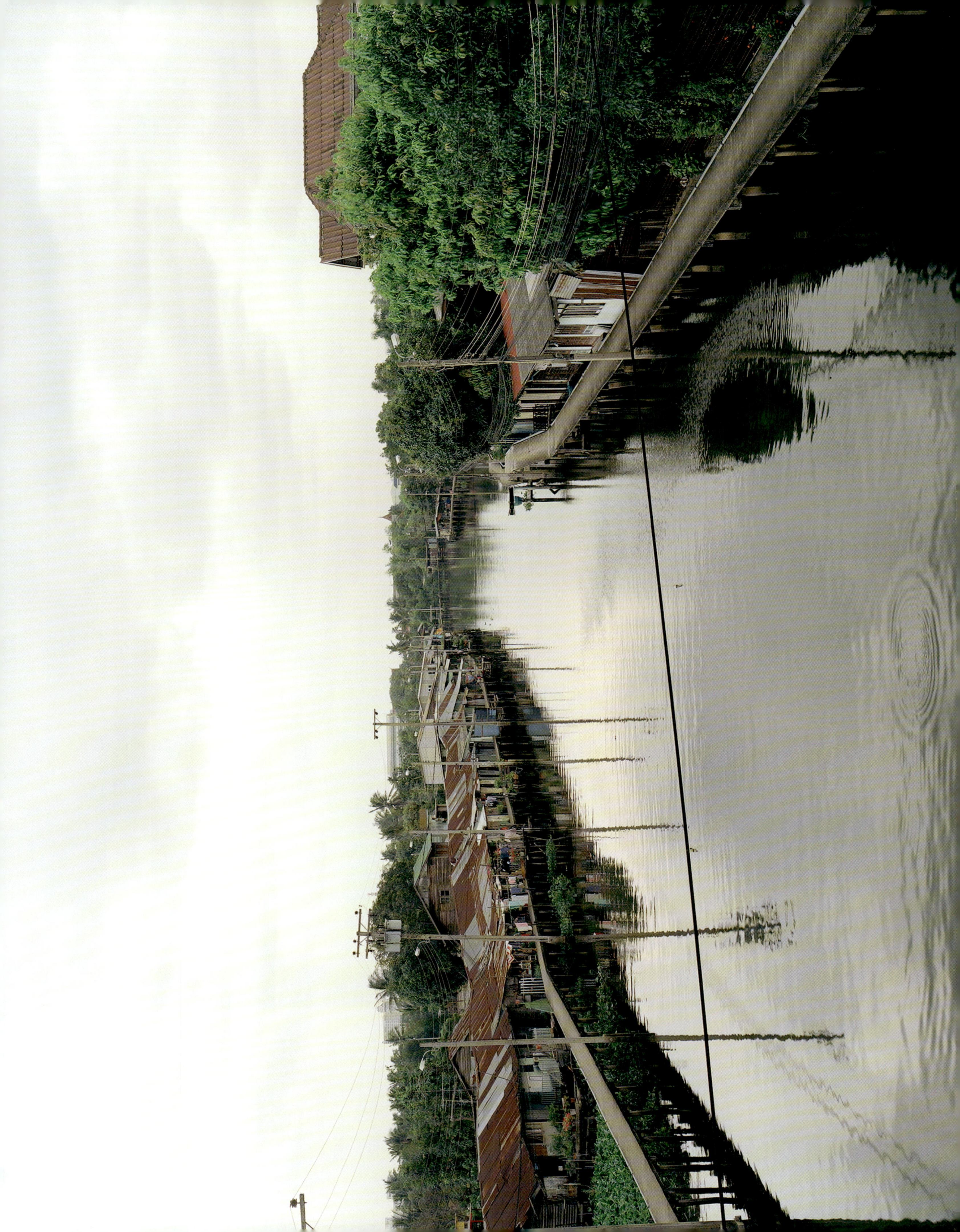

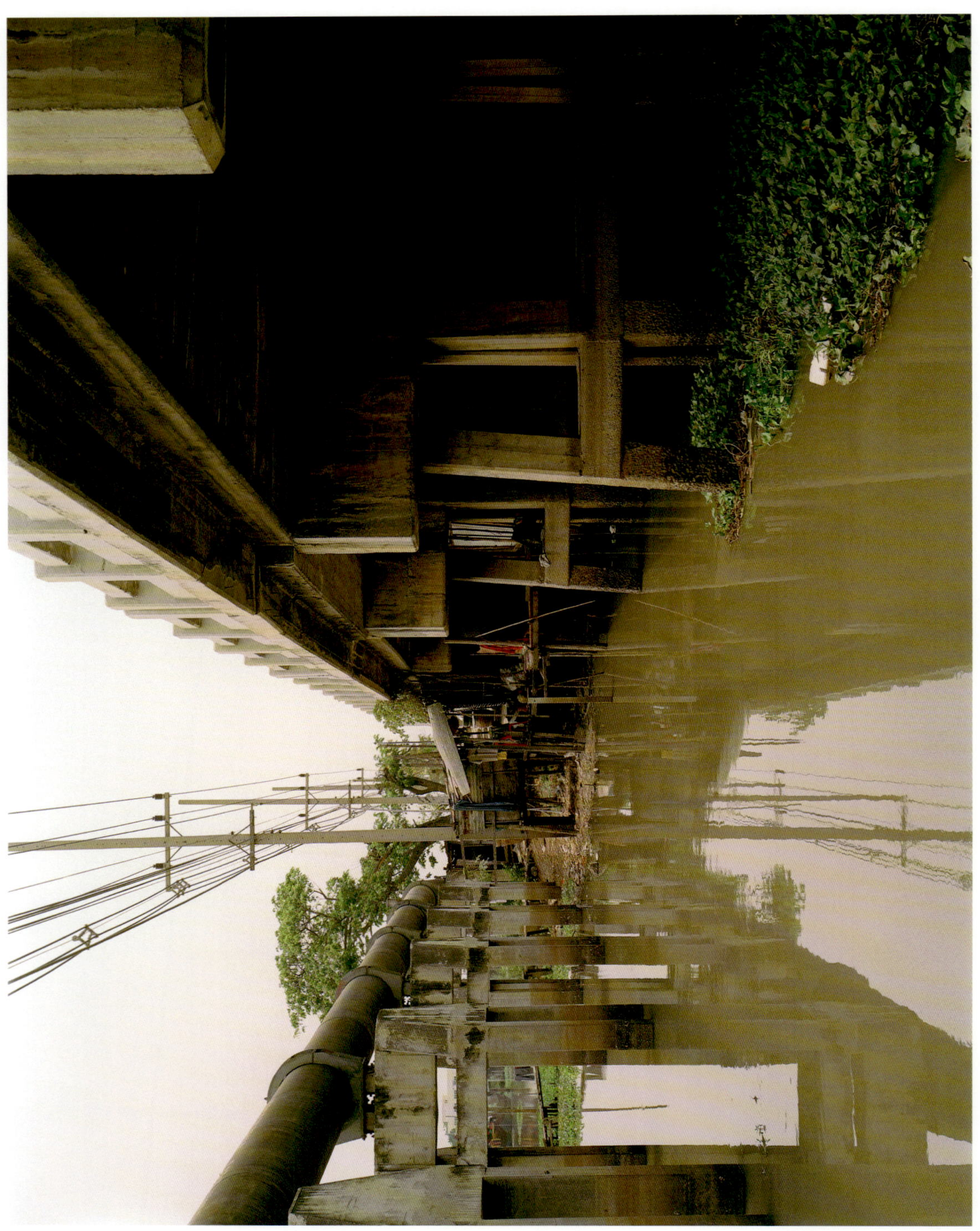

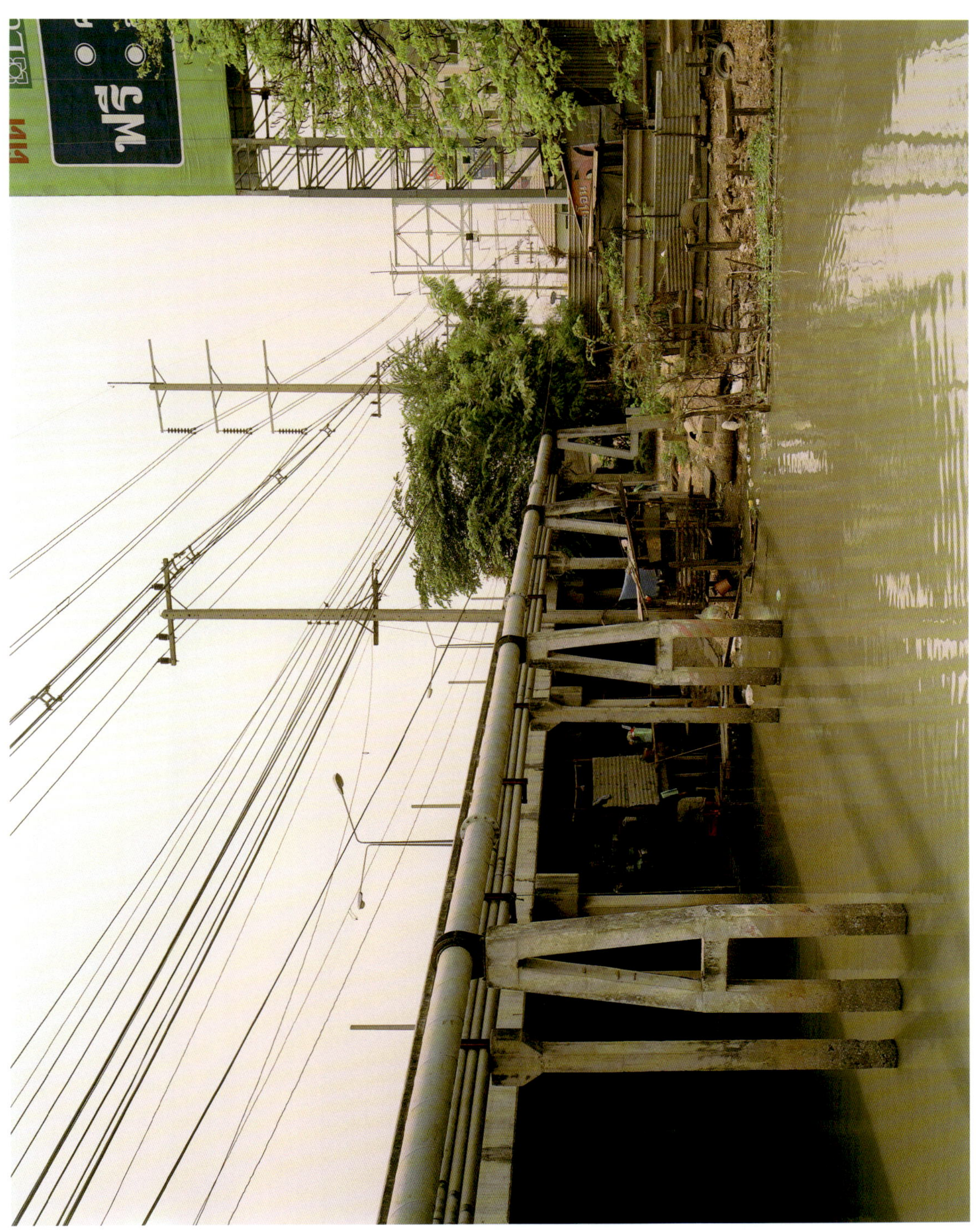

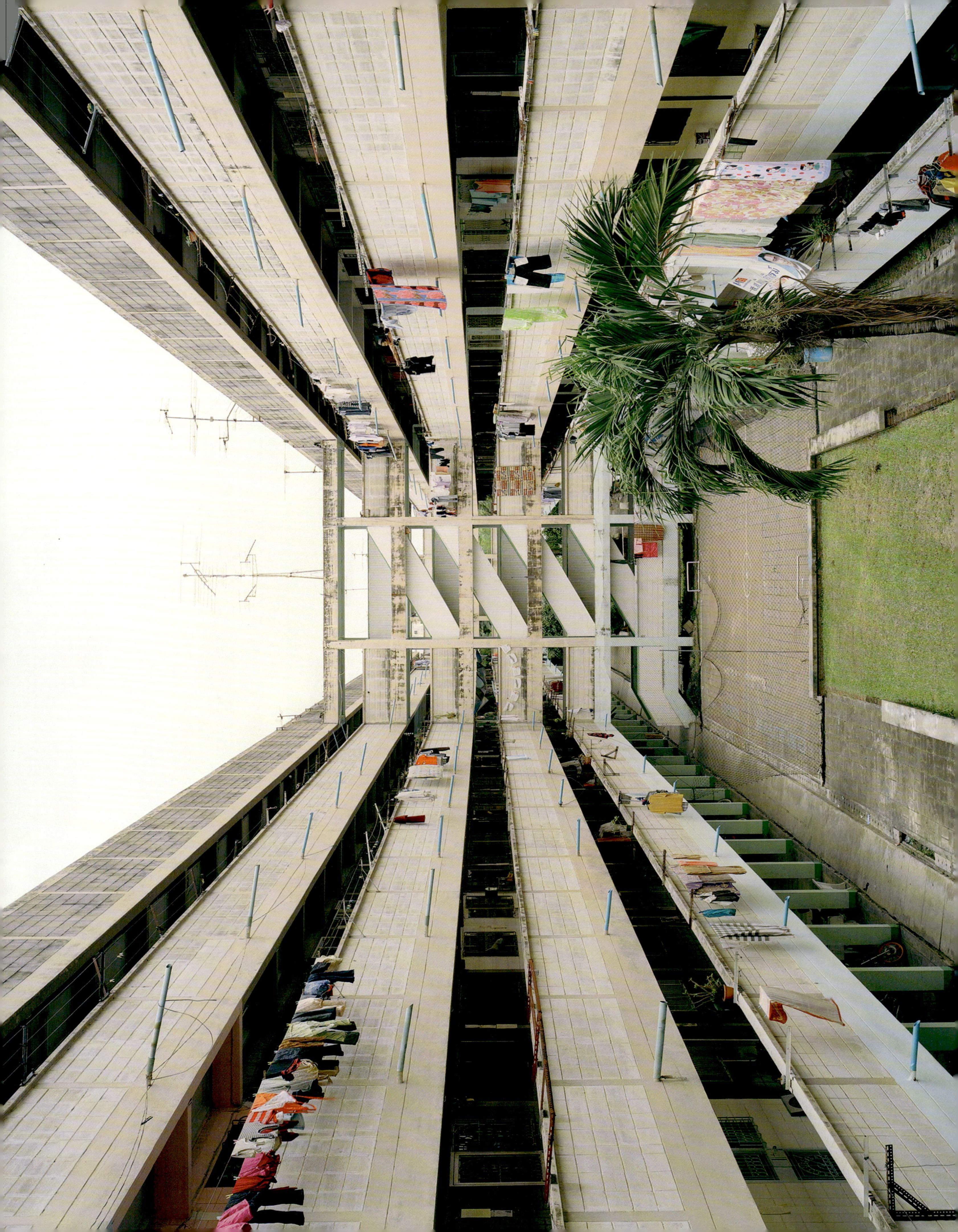

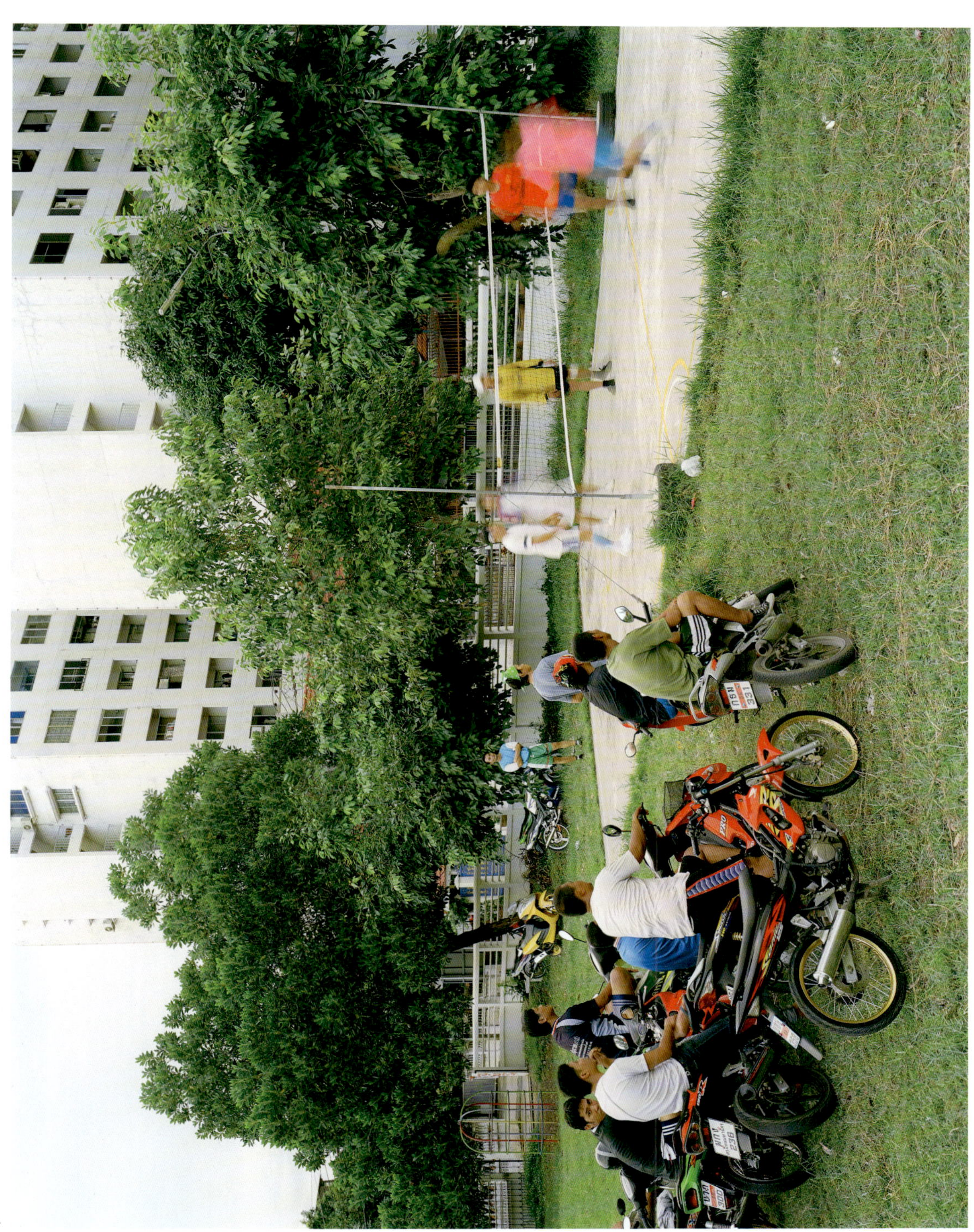

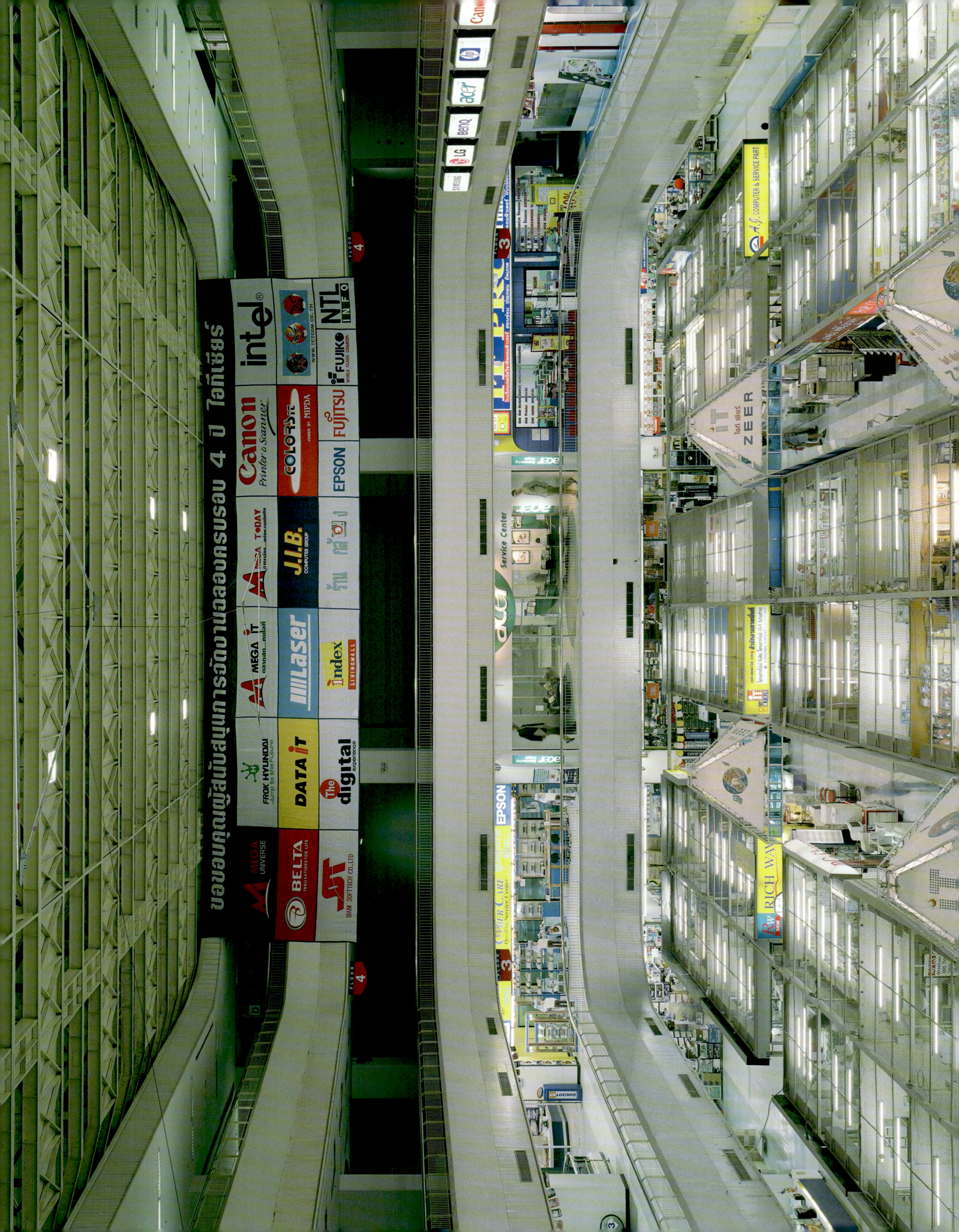

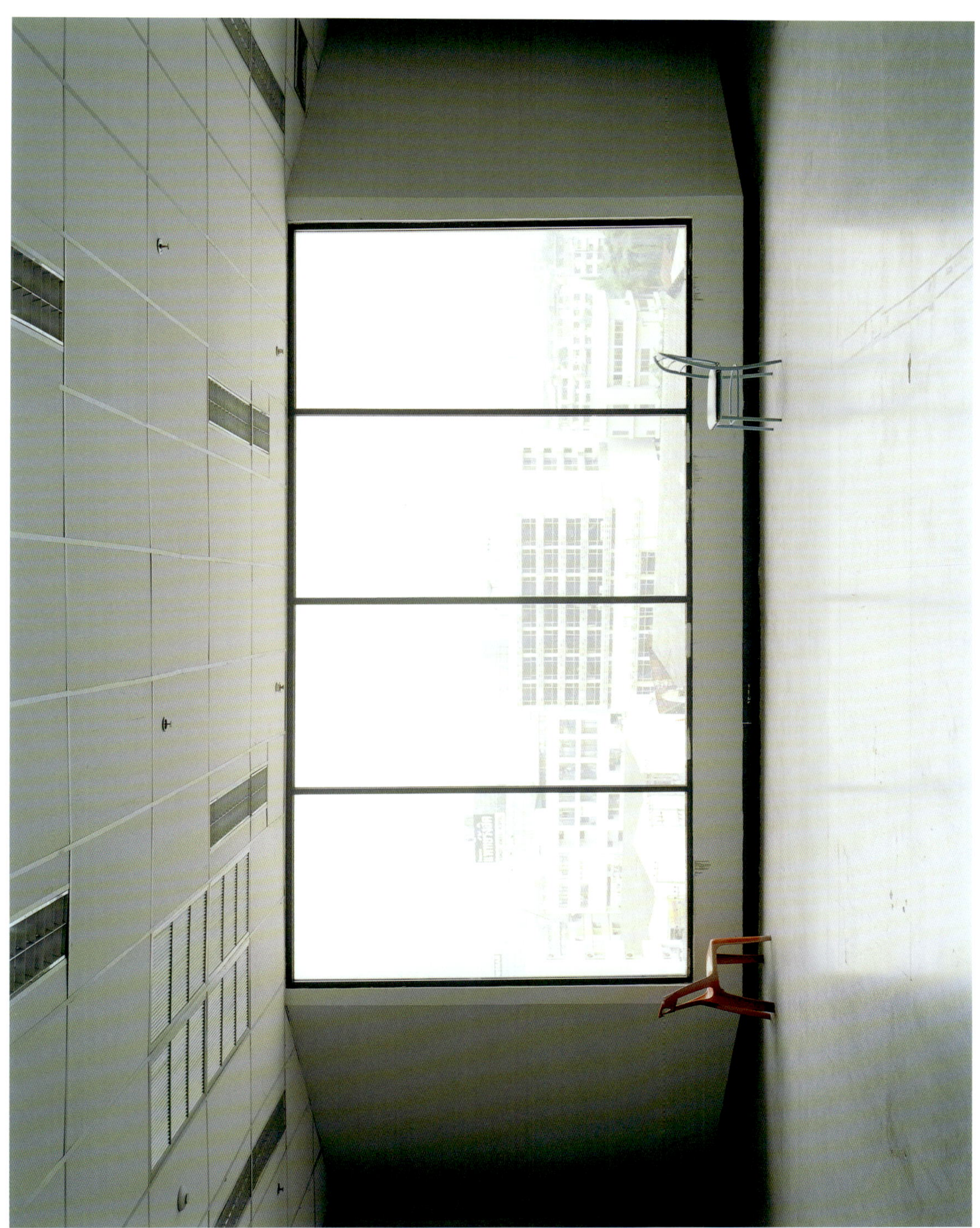

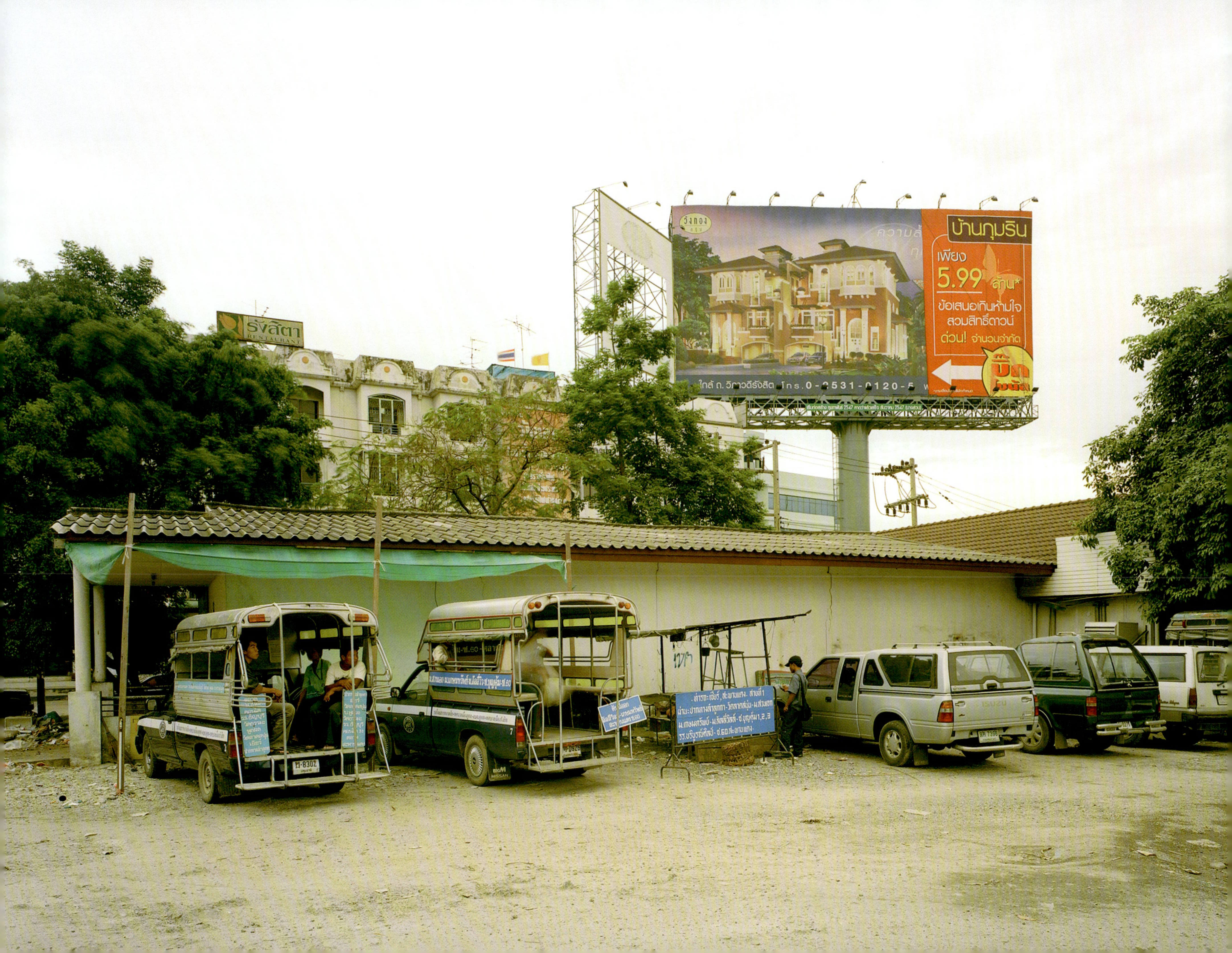
บ้านภูมรินทร์
เพียง
5.99 ล้าน*
ข้อเสนอเกินห้ามใจ
สวมสิทธิ์ดาวน์
ด่วน! จำนวนจำกัด
ใกล้ ถ. วิภาวดีรังสิต โทร. 0-2531-0120-5
รังสิตา
RESTAURANT

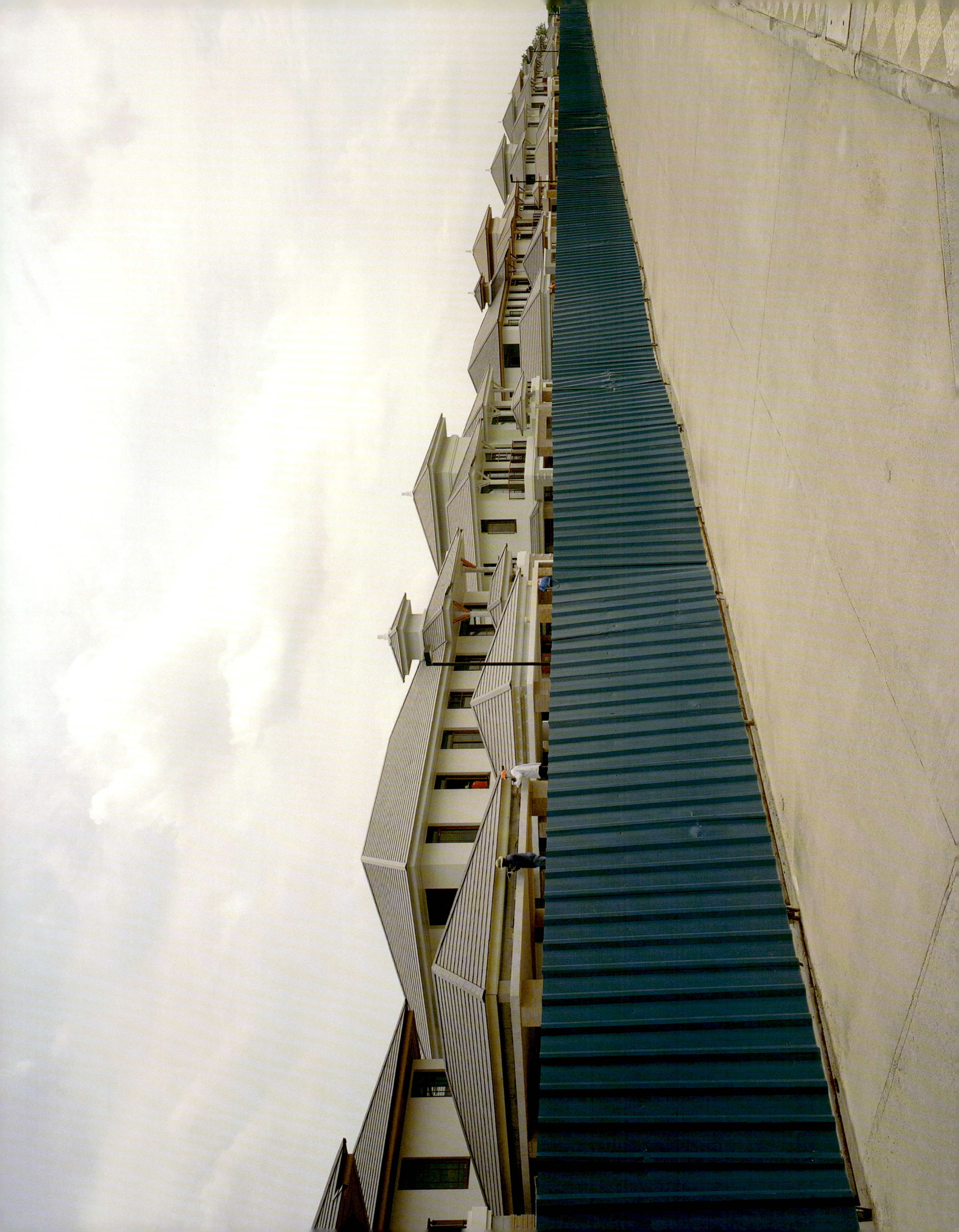

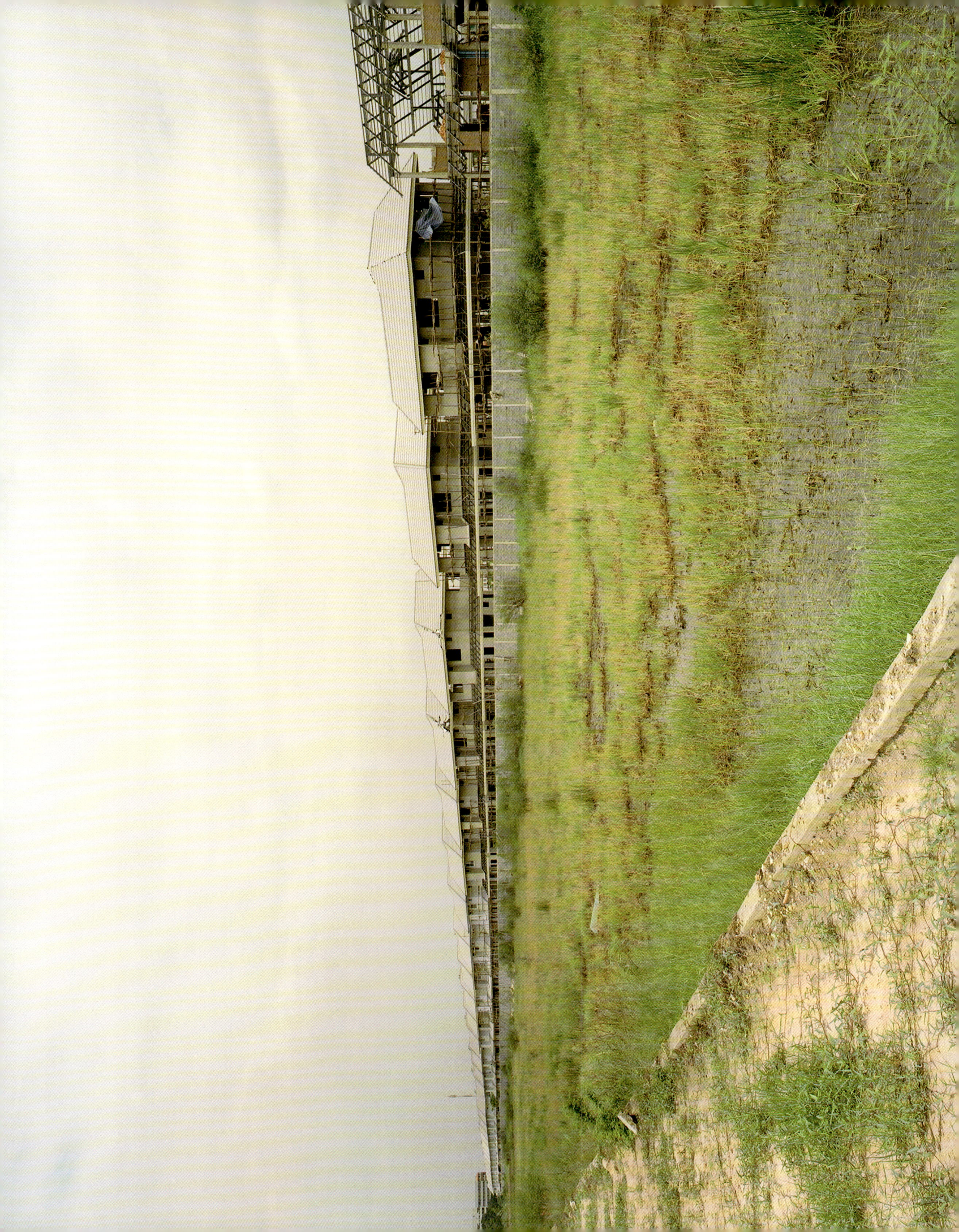

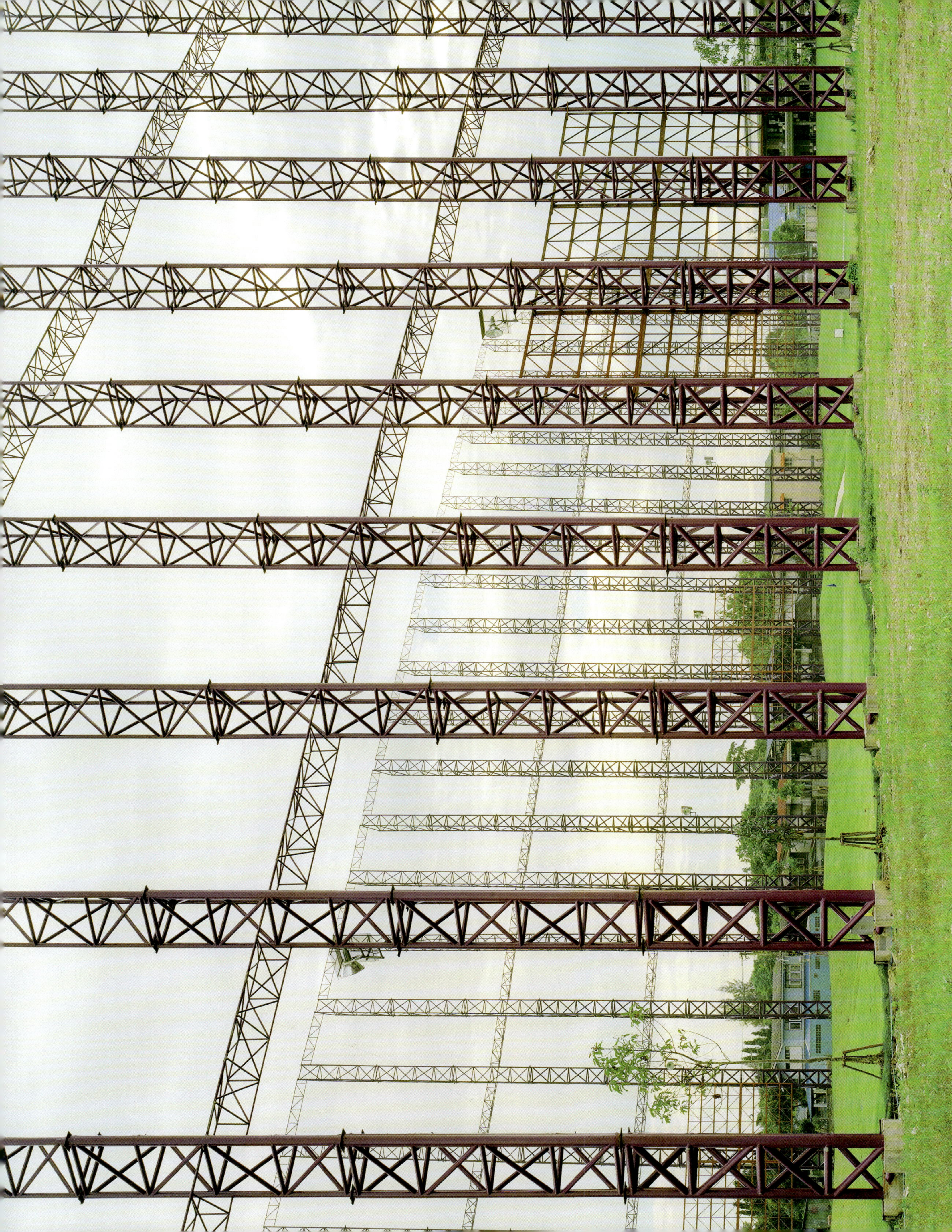

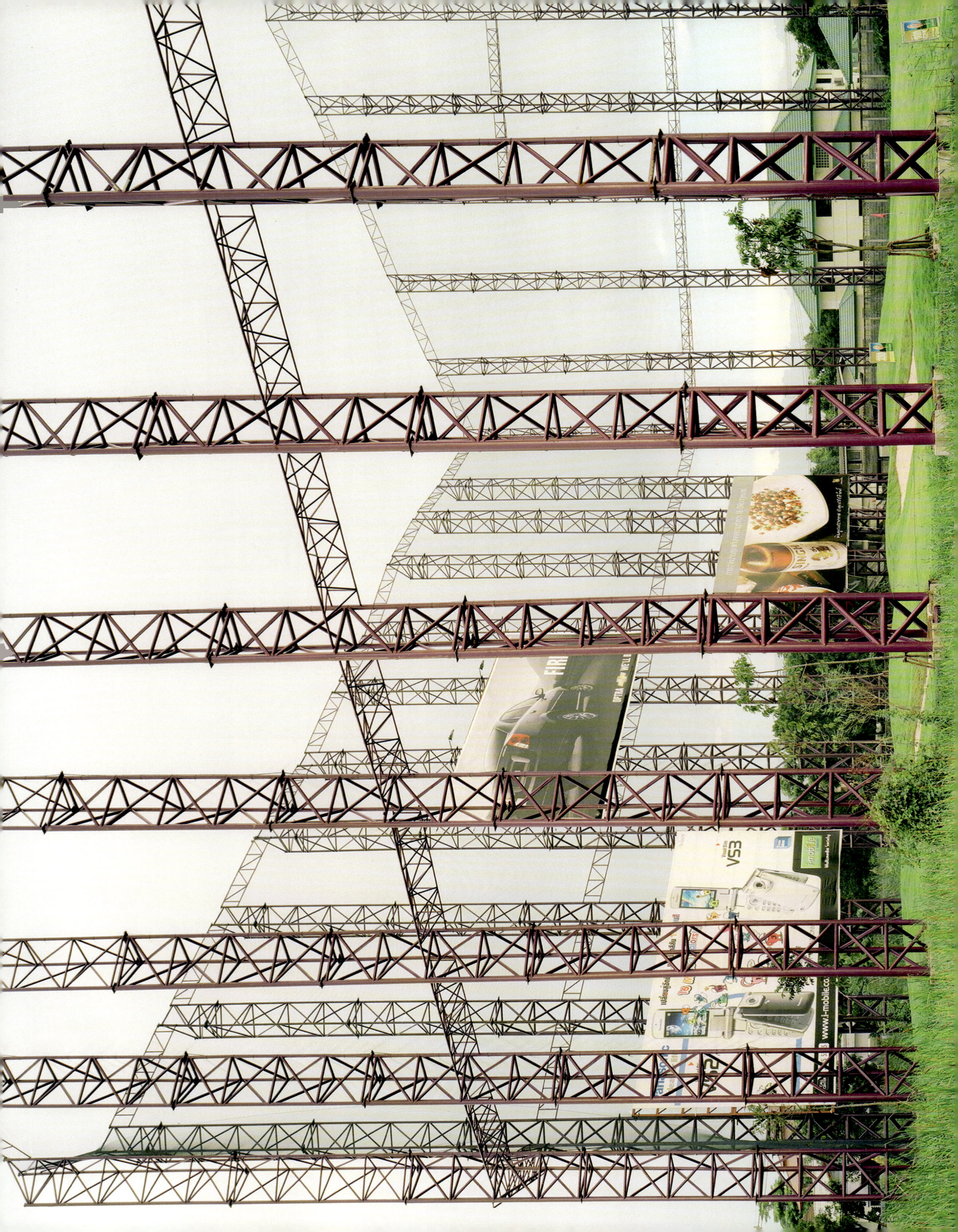

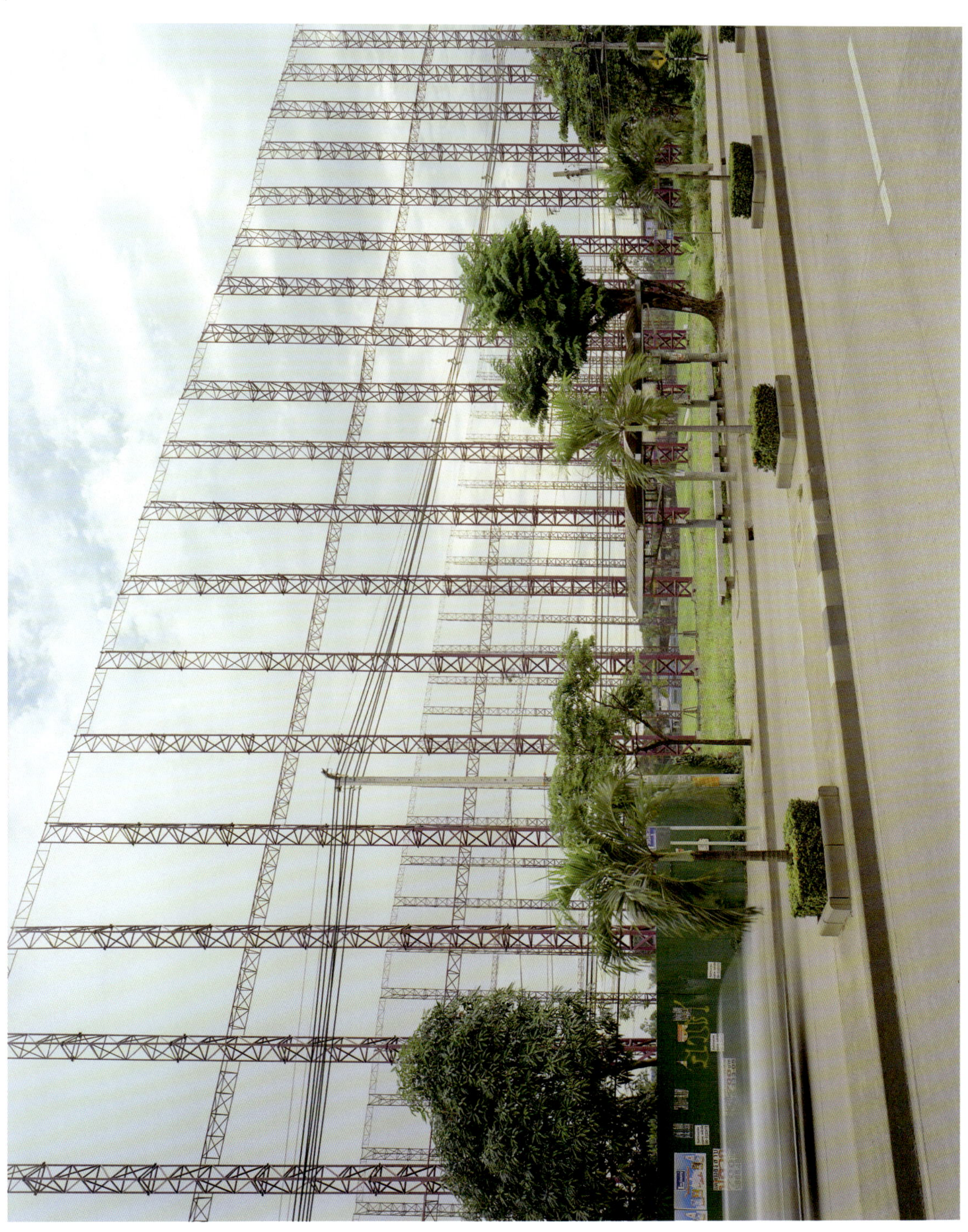

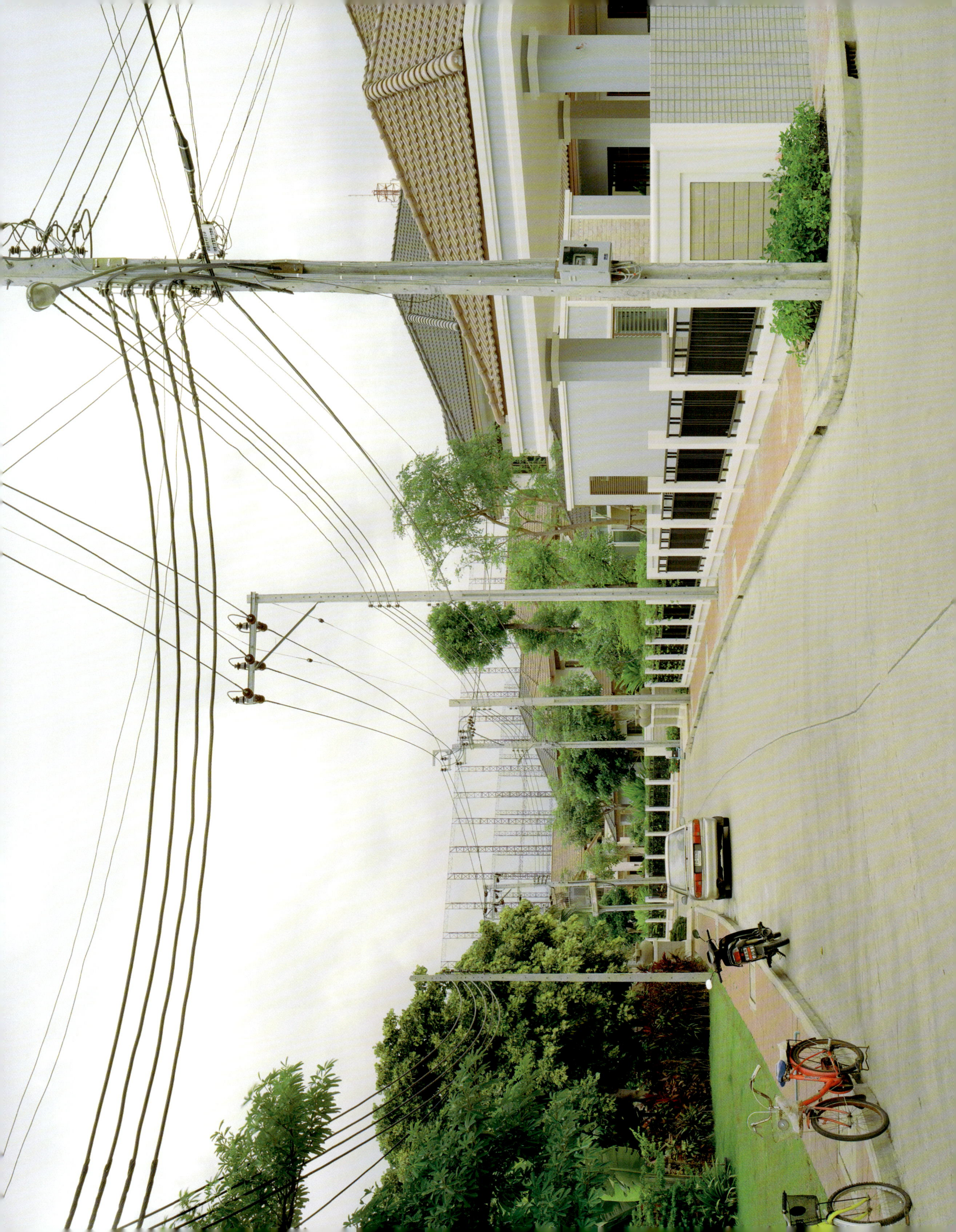

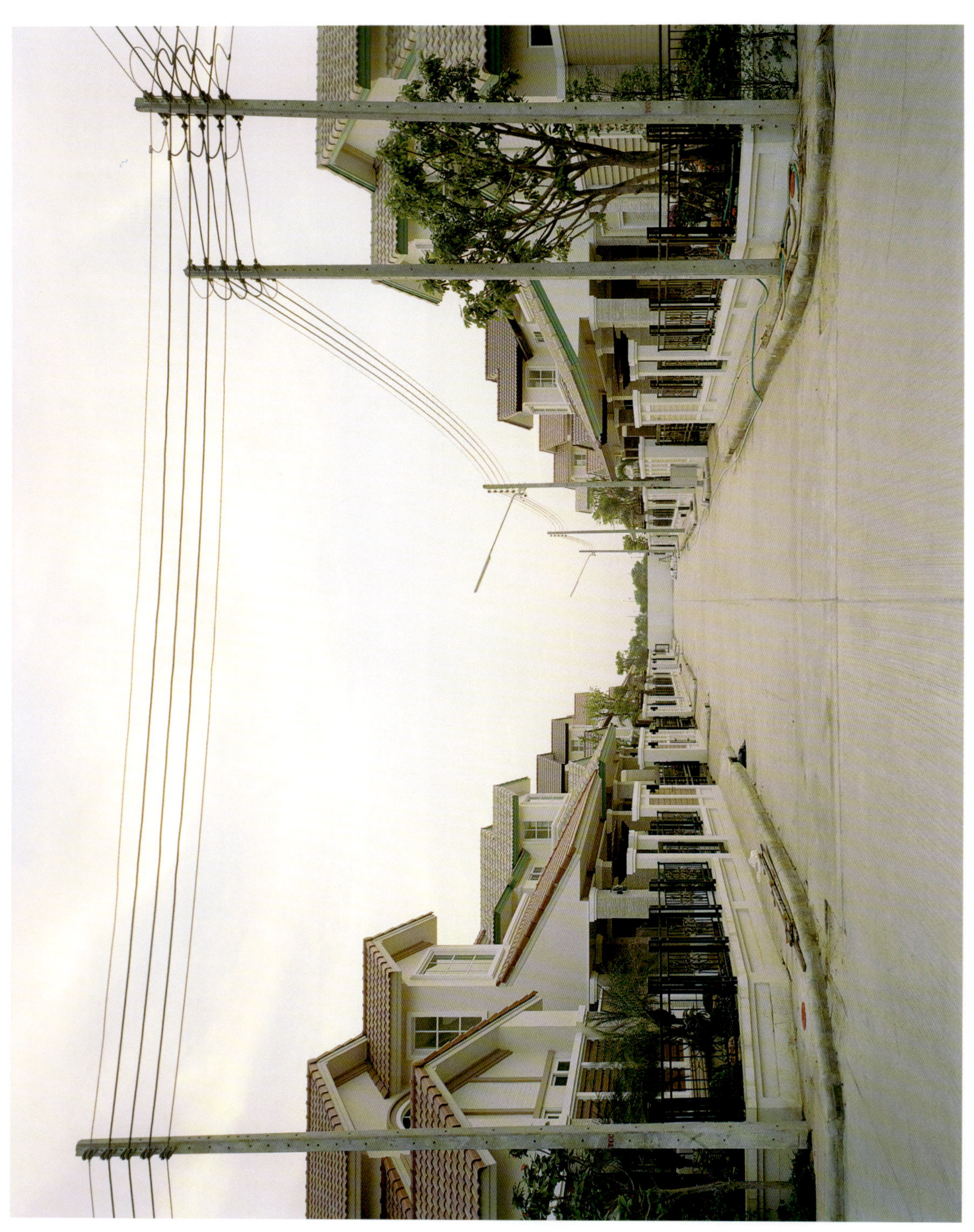

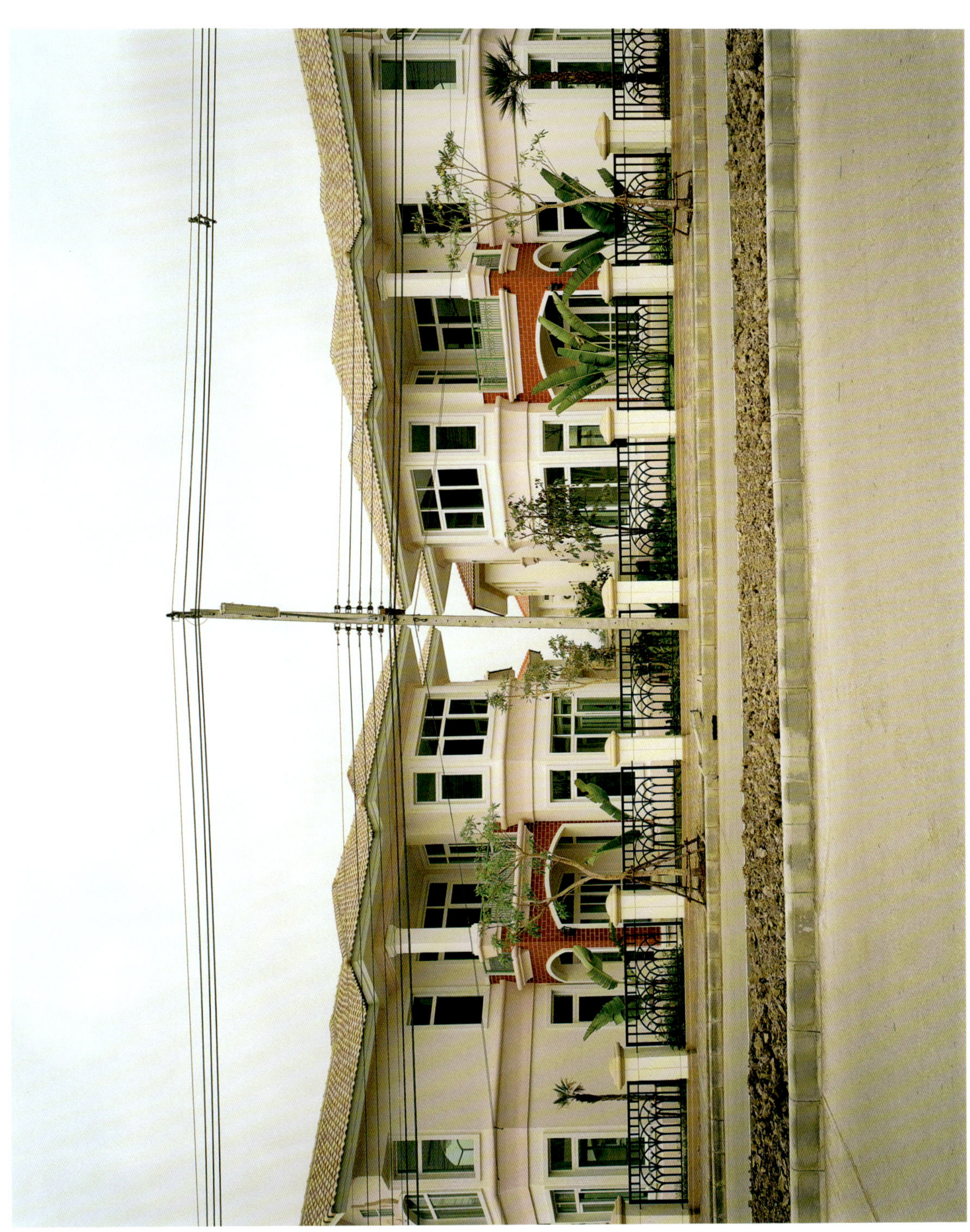

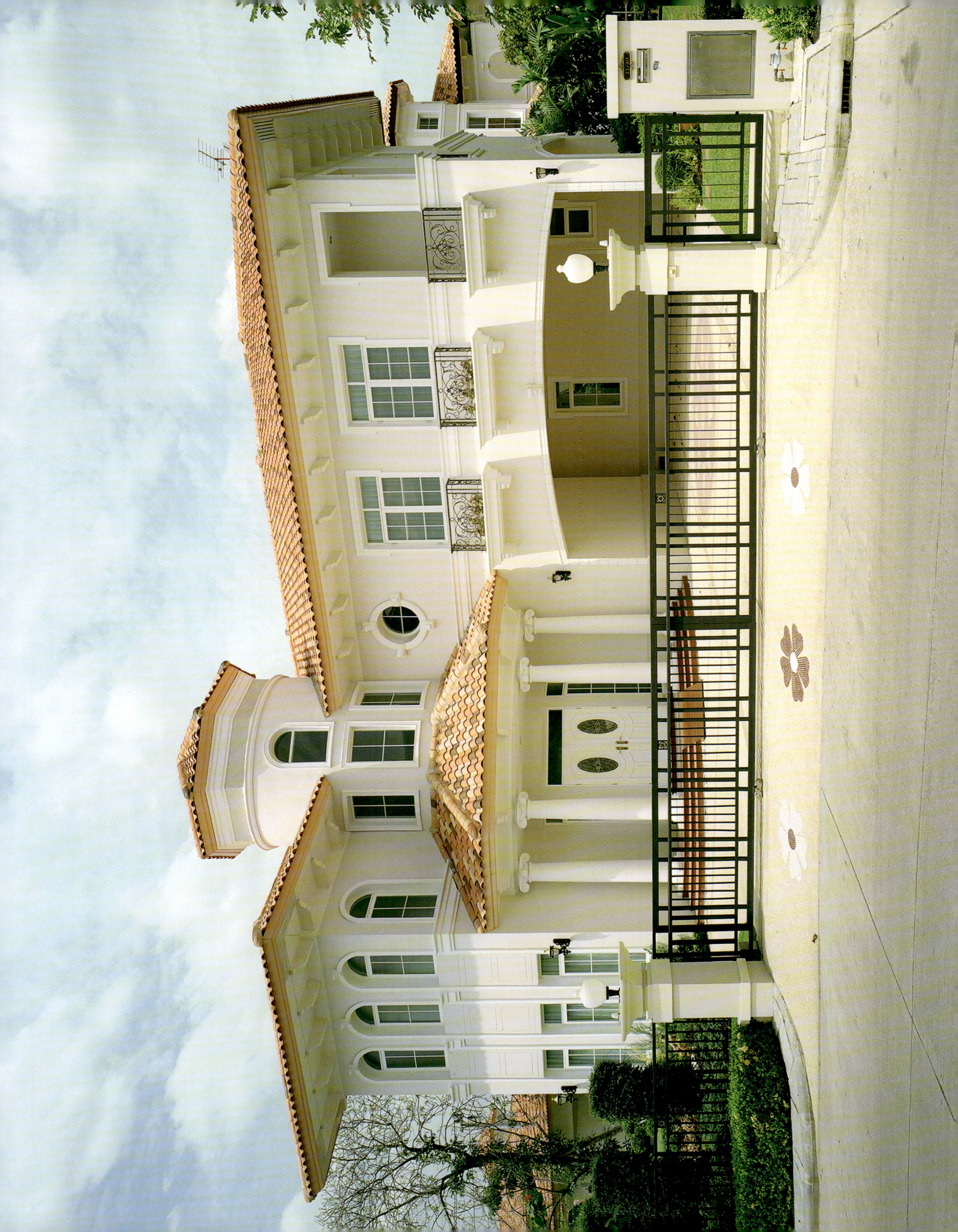

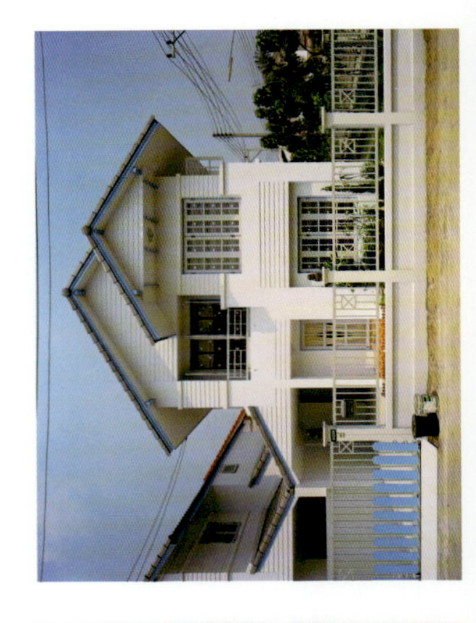

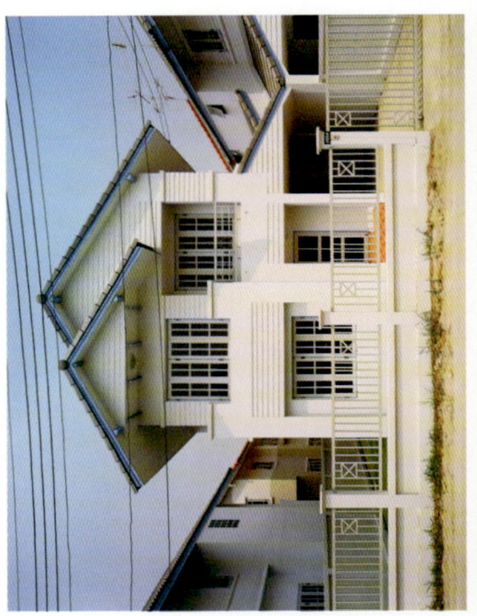

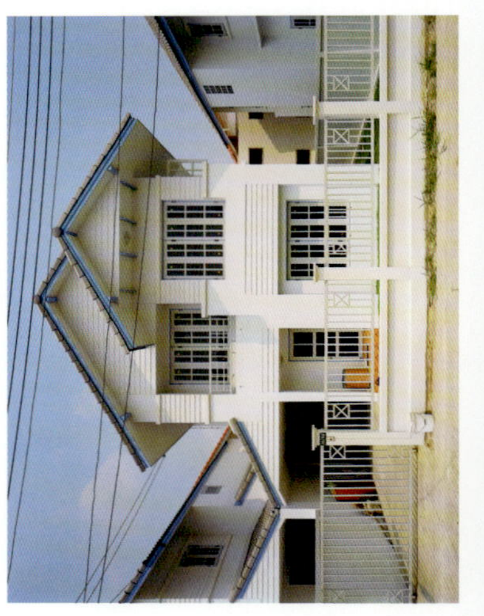

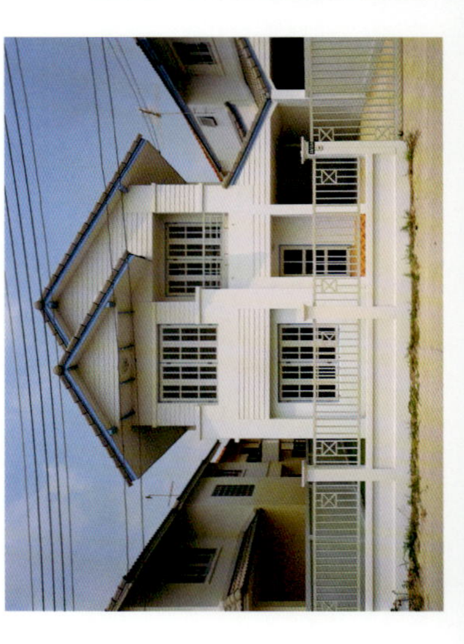

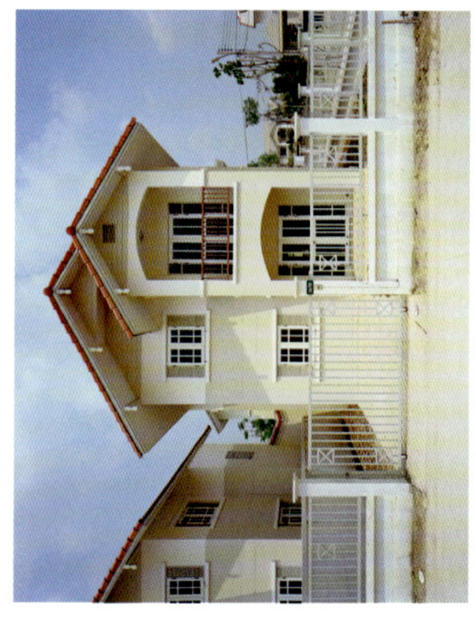
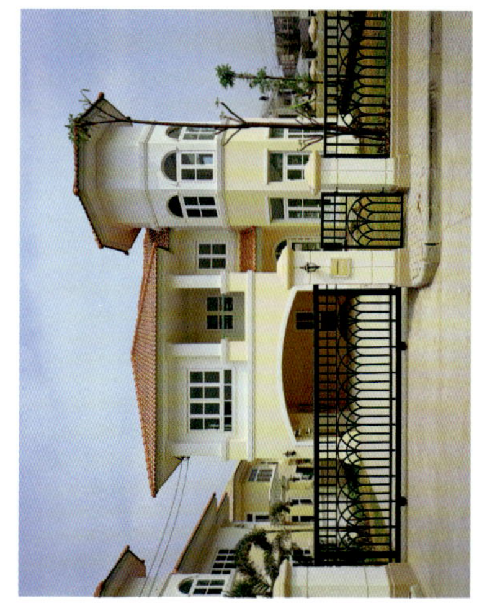
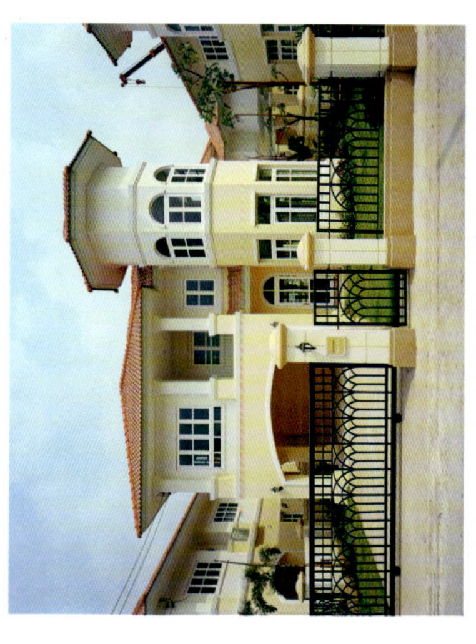
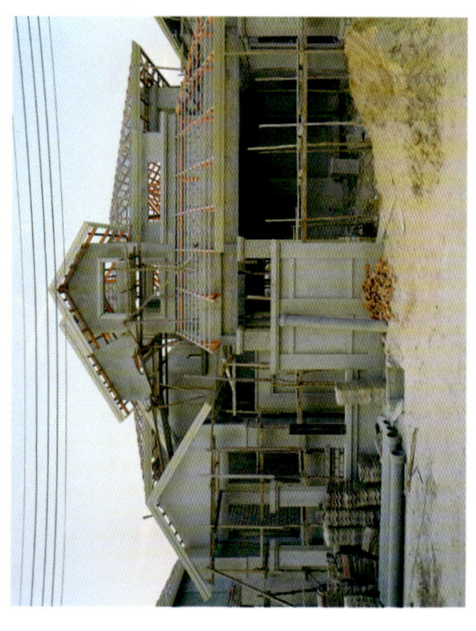
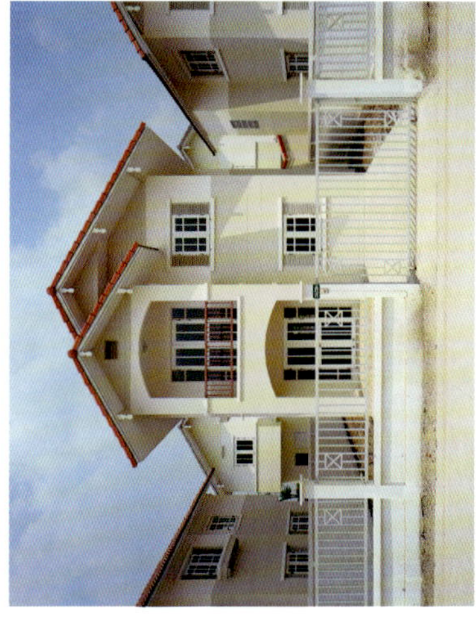
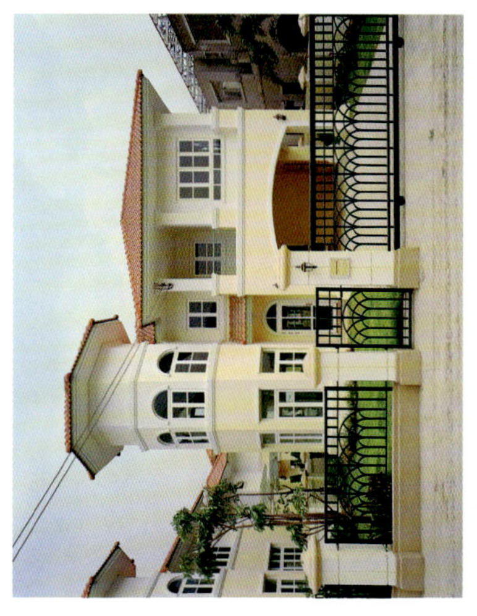
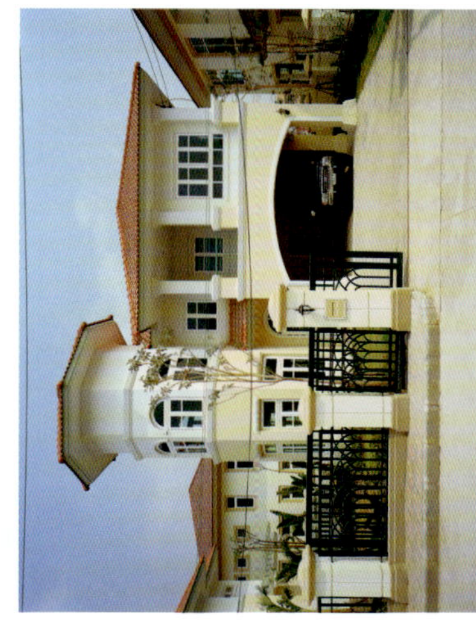
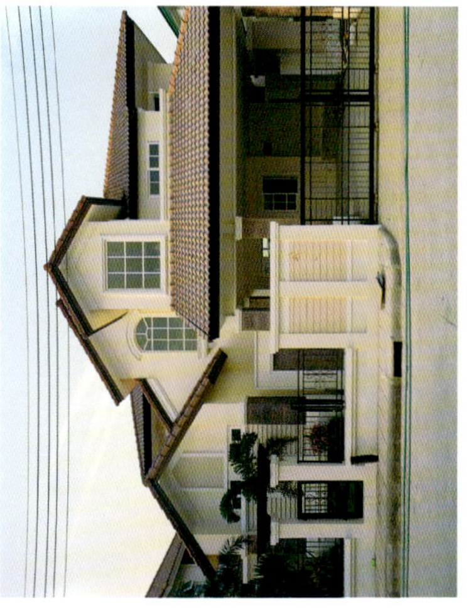
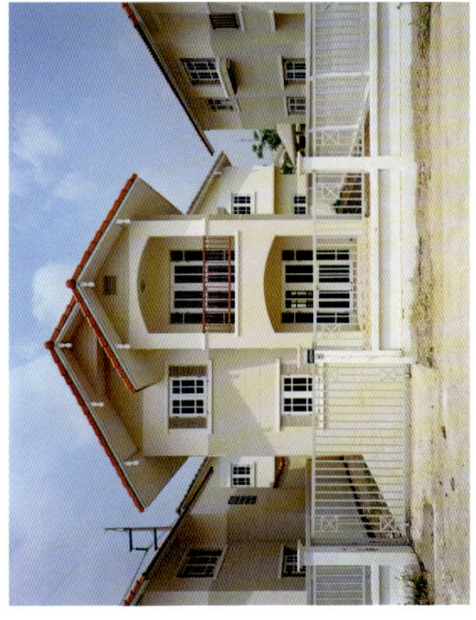
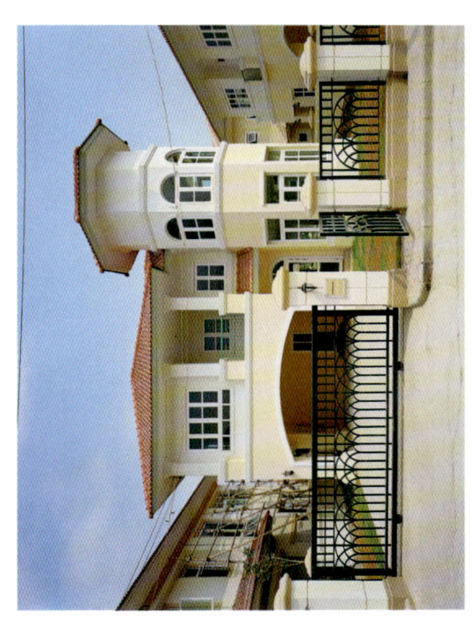
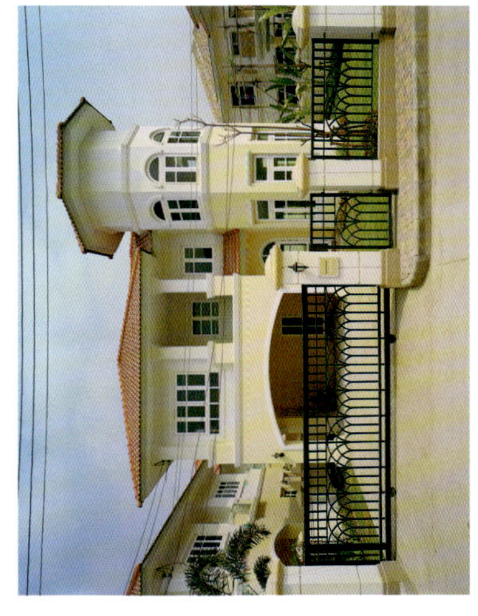
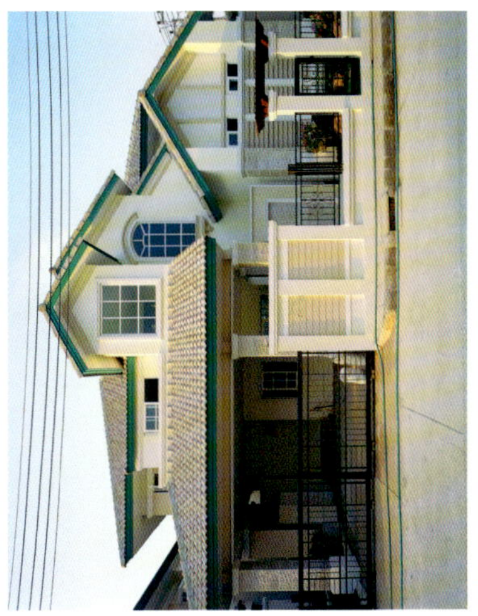
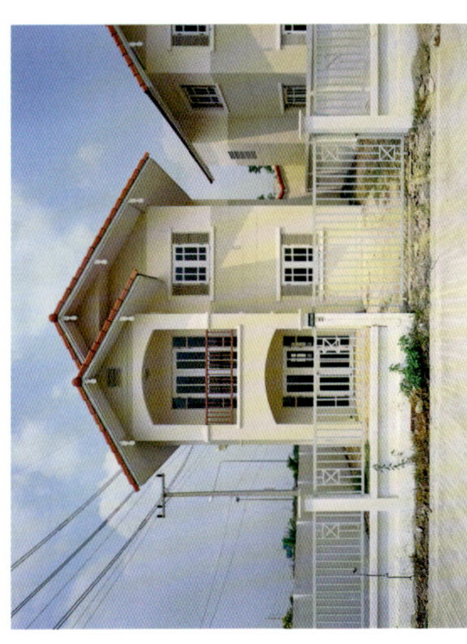
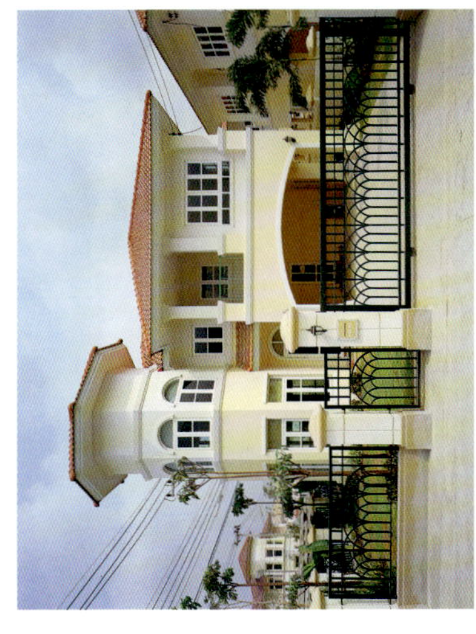
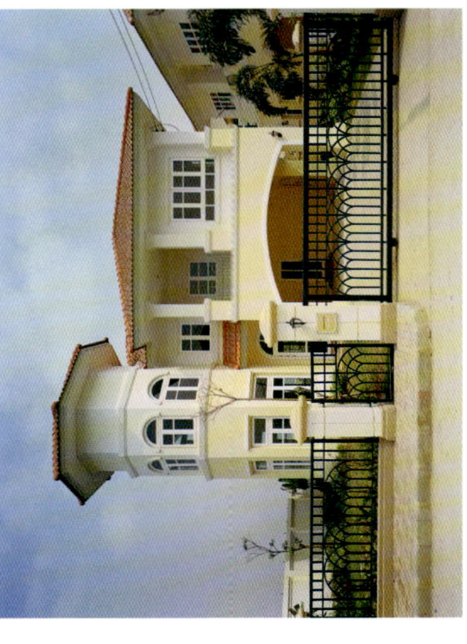
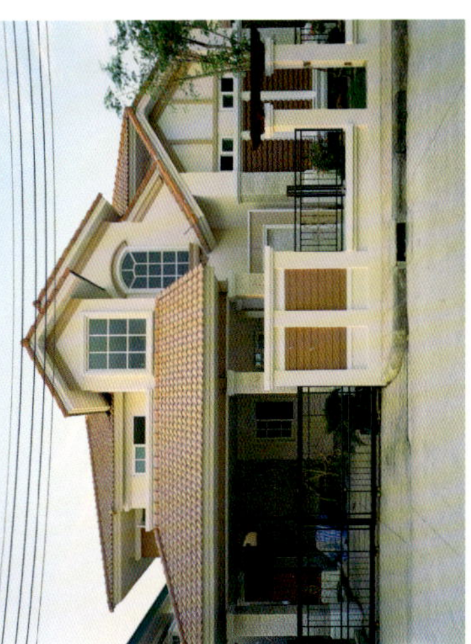

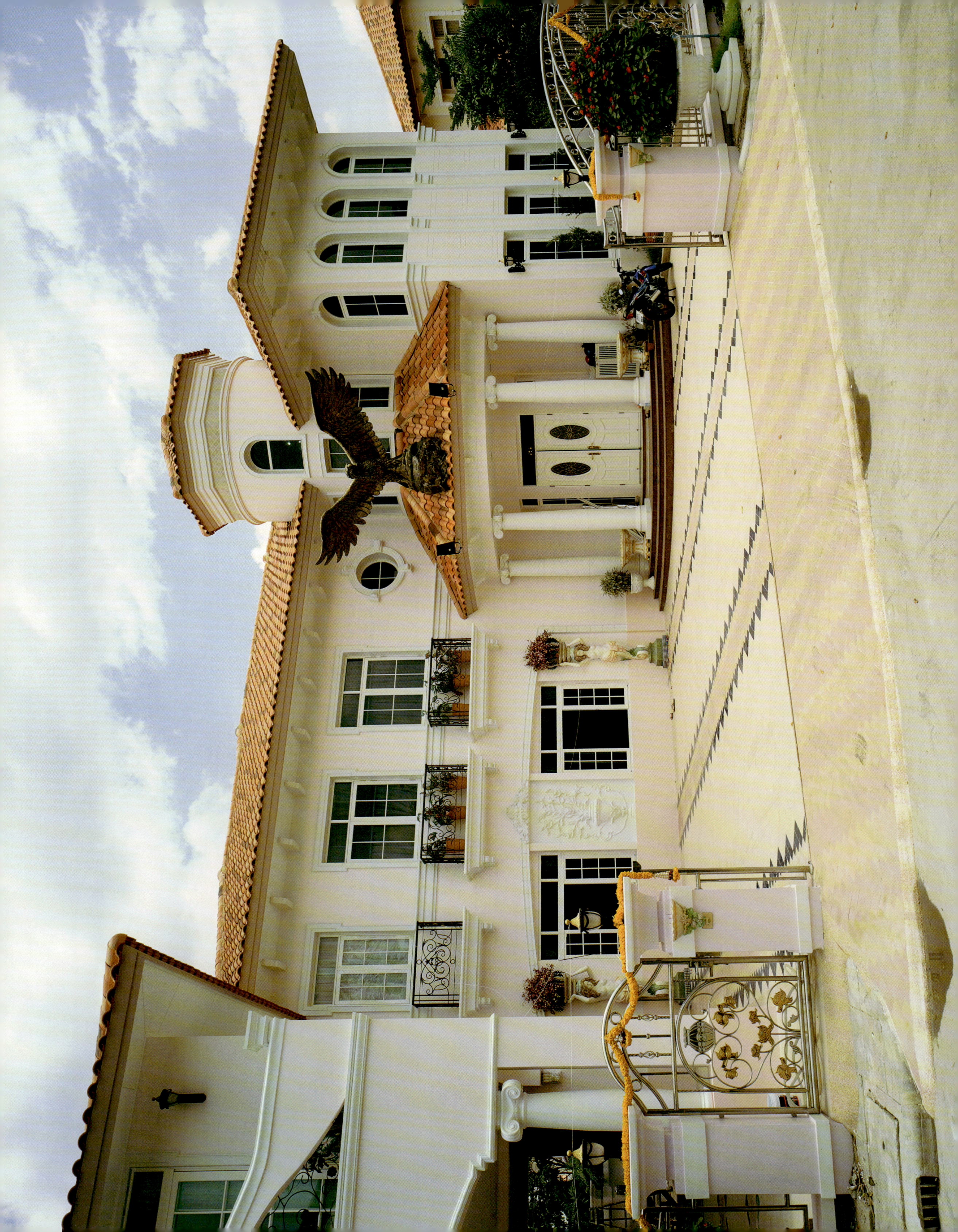

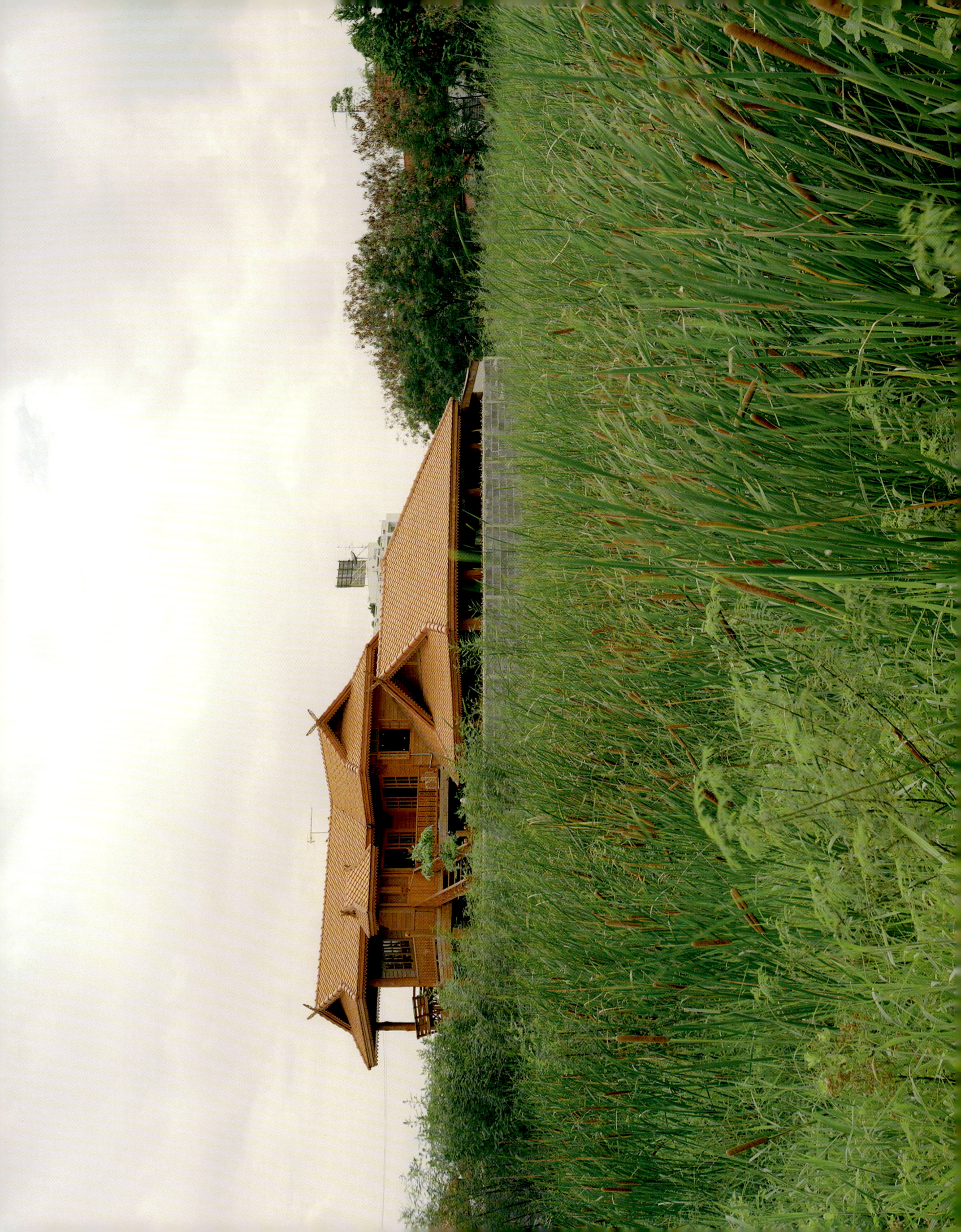

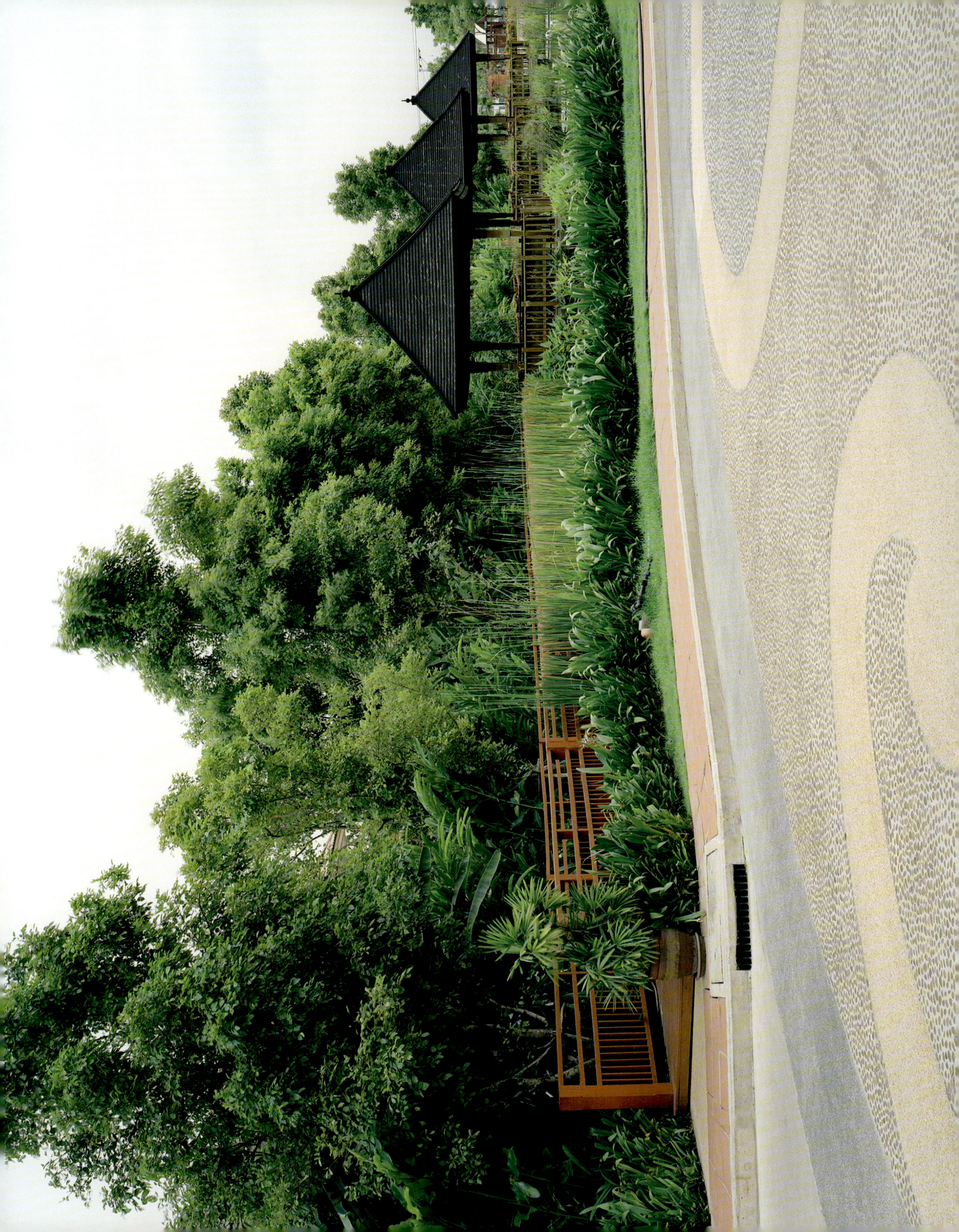

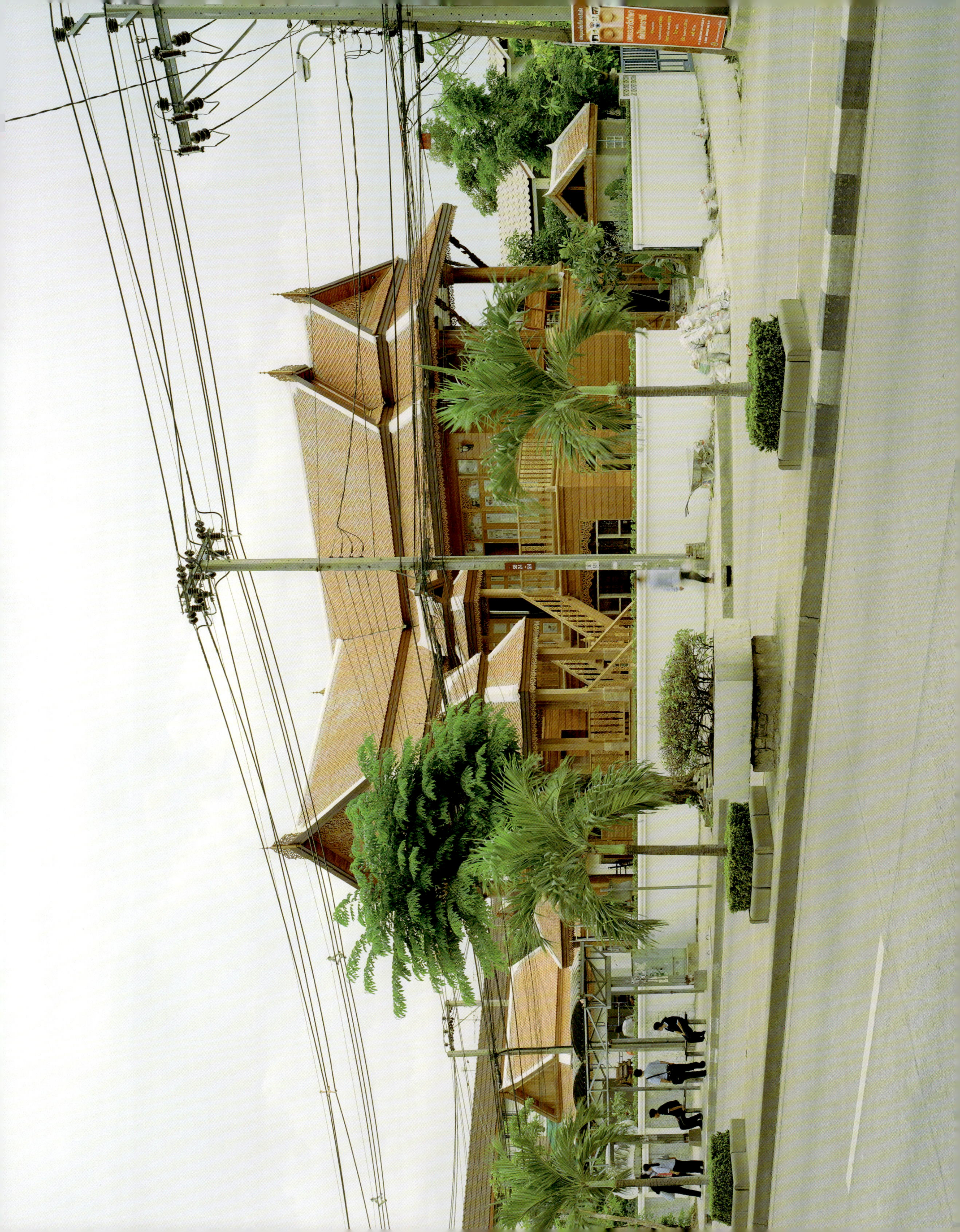

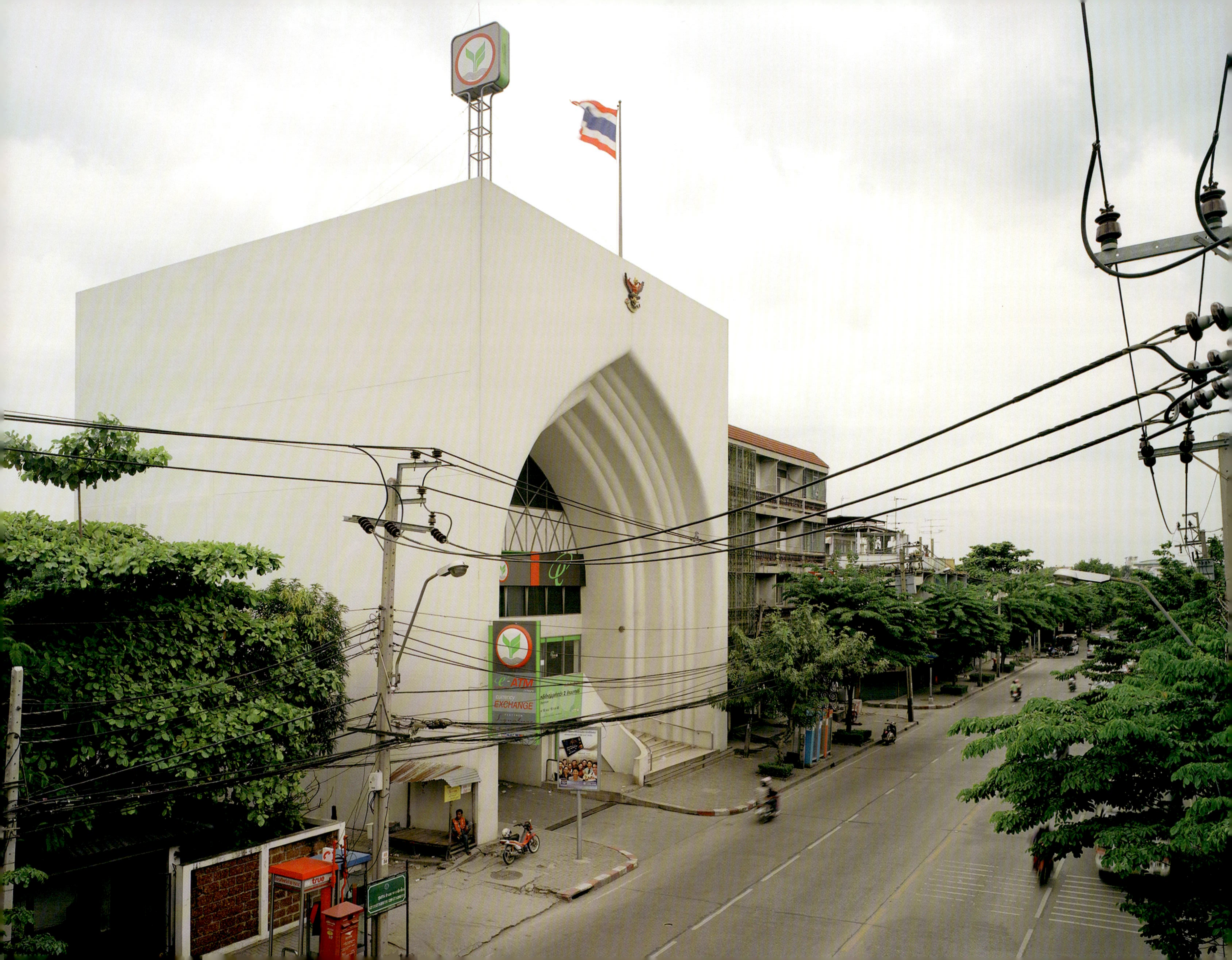
e-ATM
EXCHANGE
true

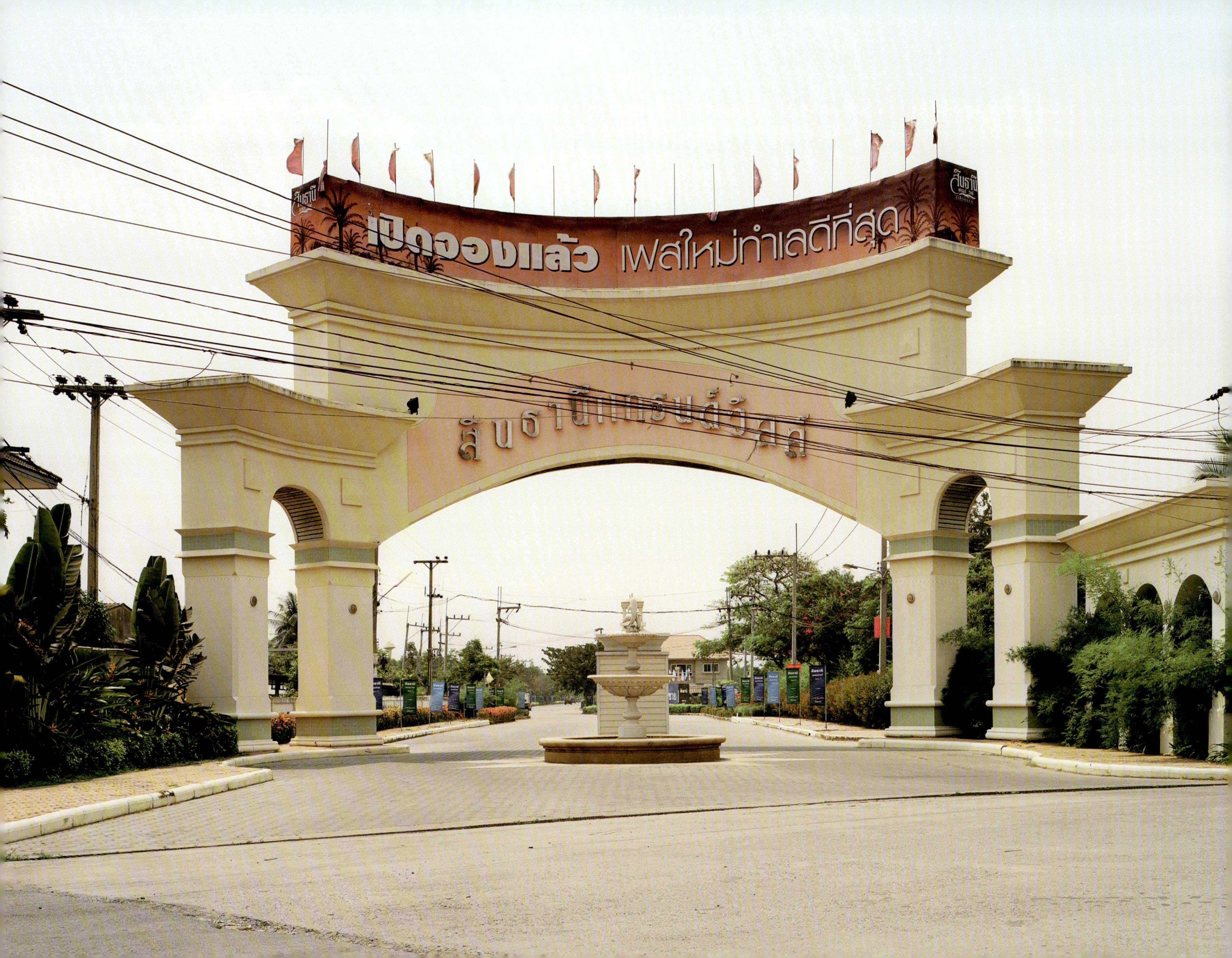
เปิดจองแล้ว เฟสใหม่ทำเลดีที่สุด
สิรินธานีแกรนด์วิลล์

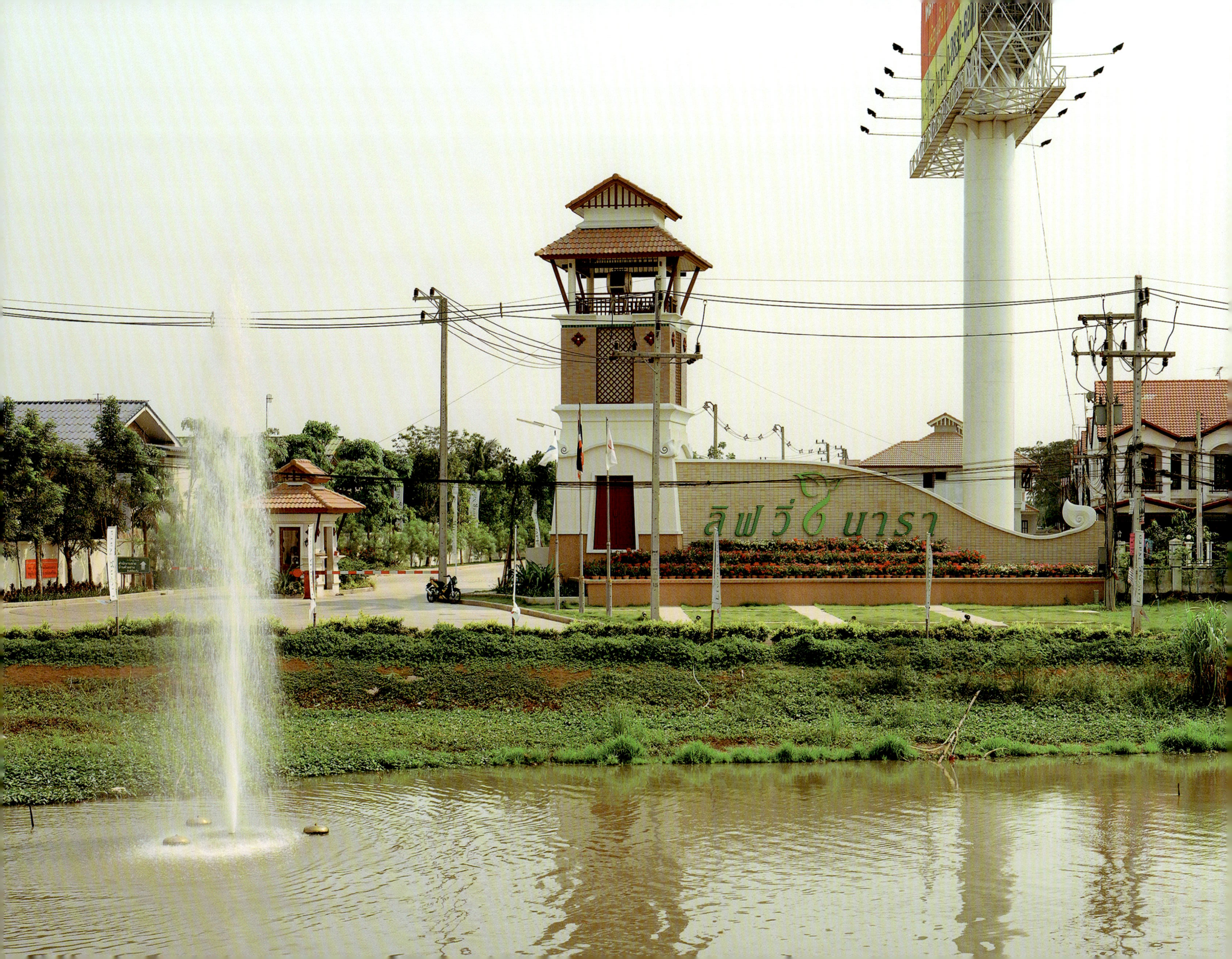

ลิฟวิ่ง นารา

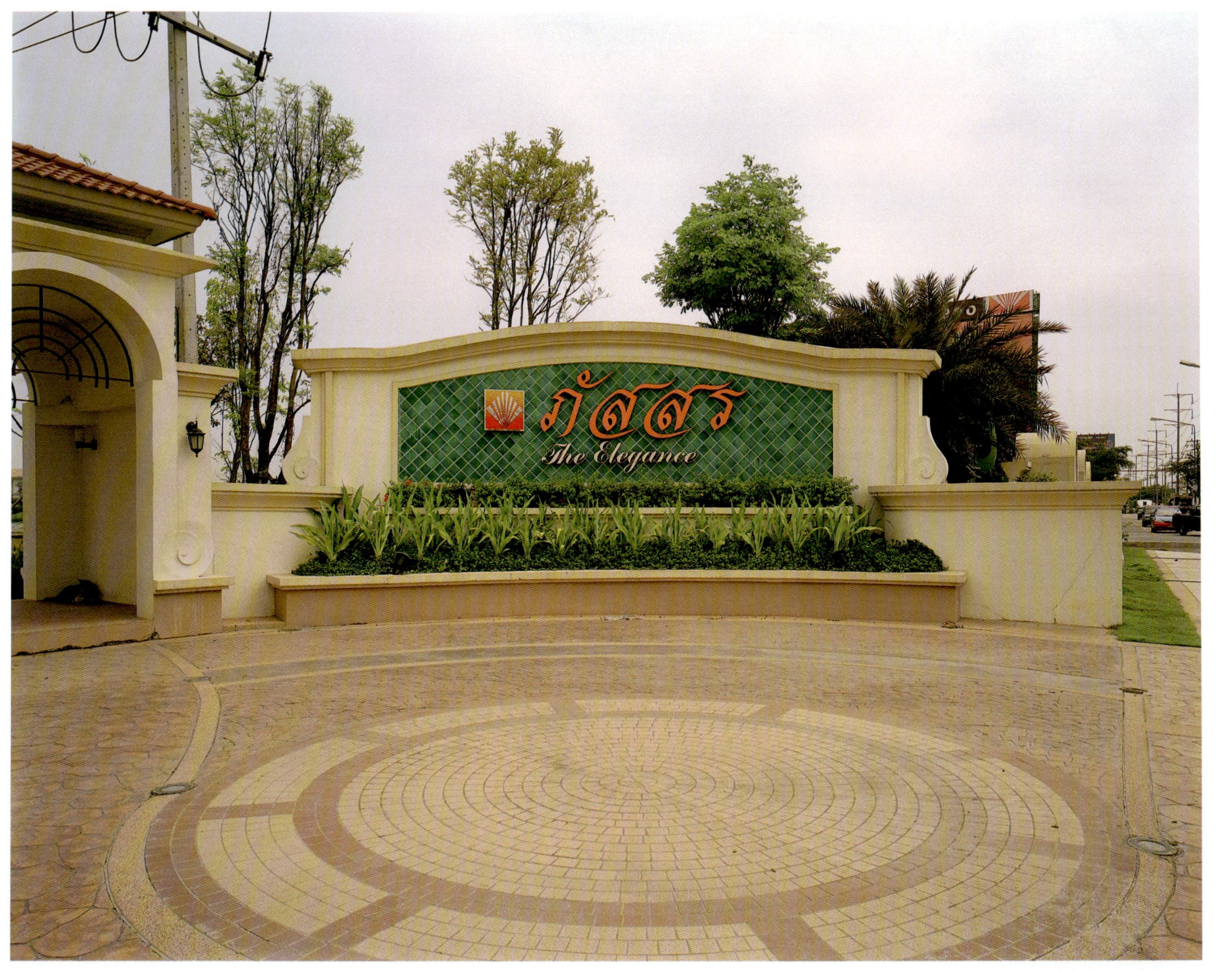
กัสสร
The Elegance

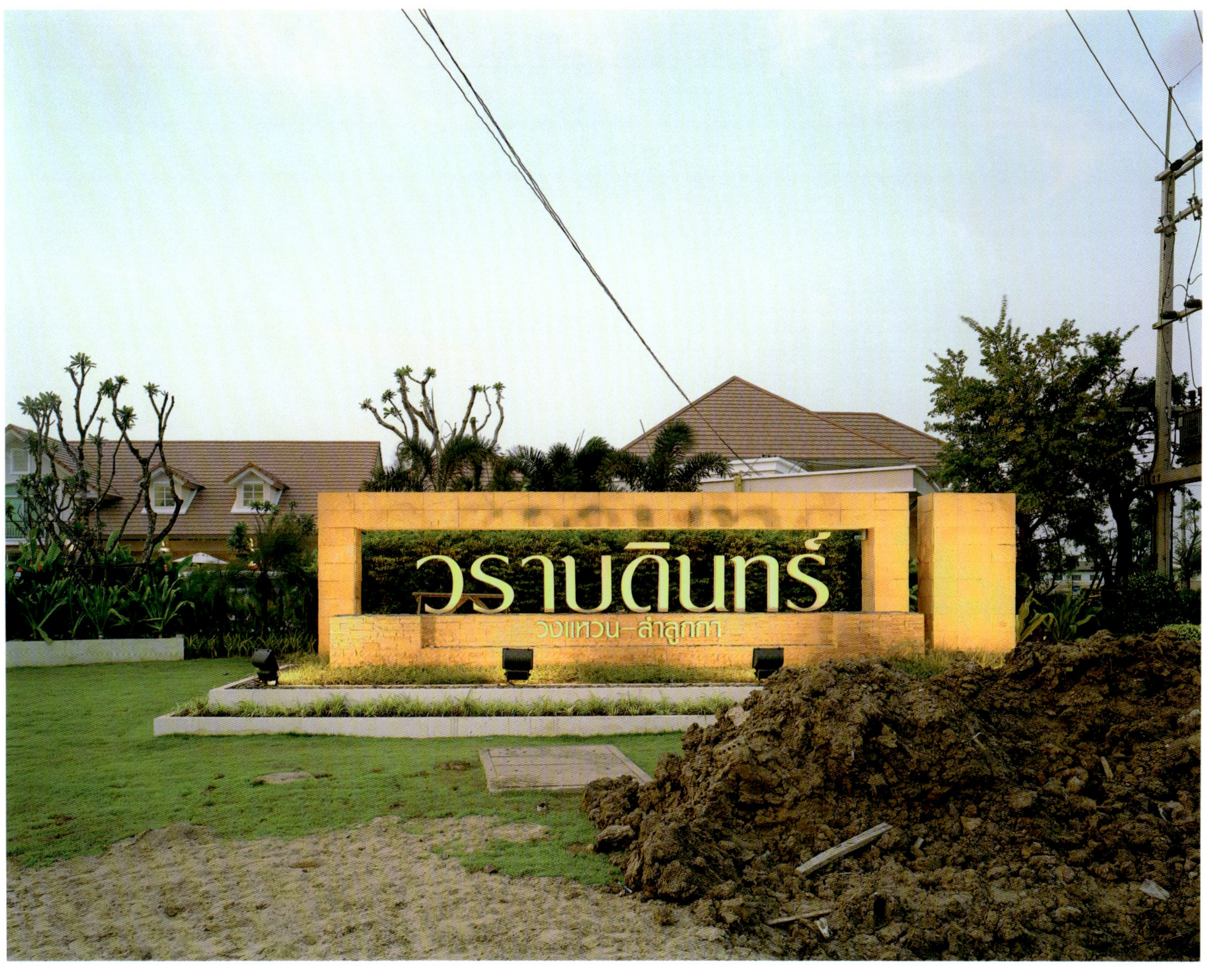
วราบดินทร์
วงแหวน-ลำลูกกา

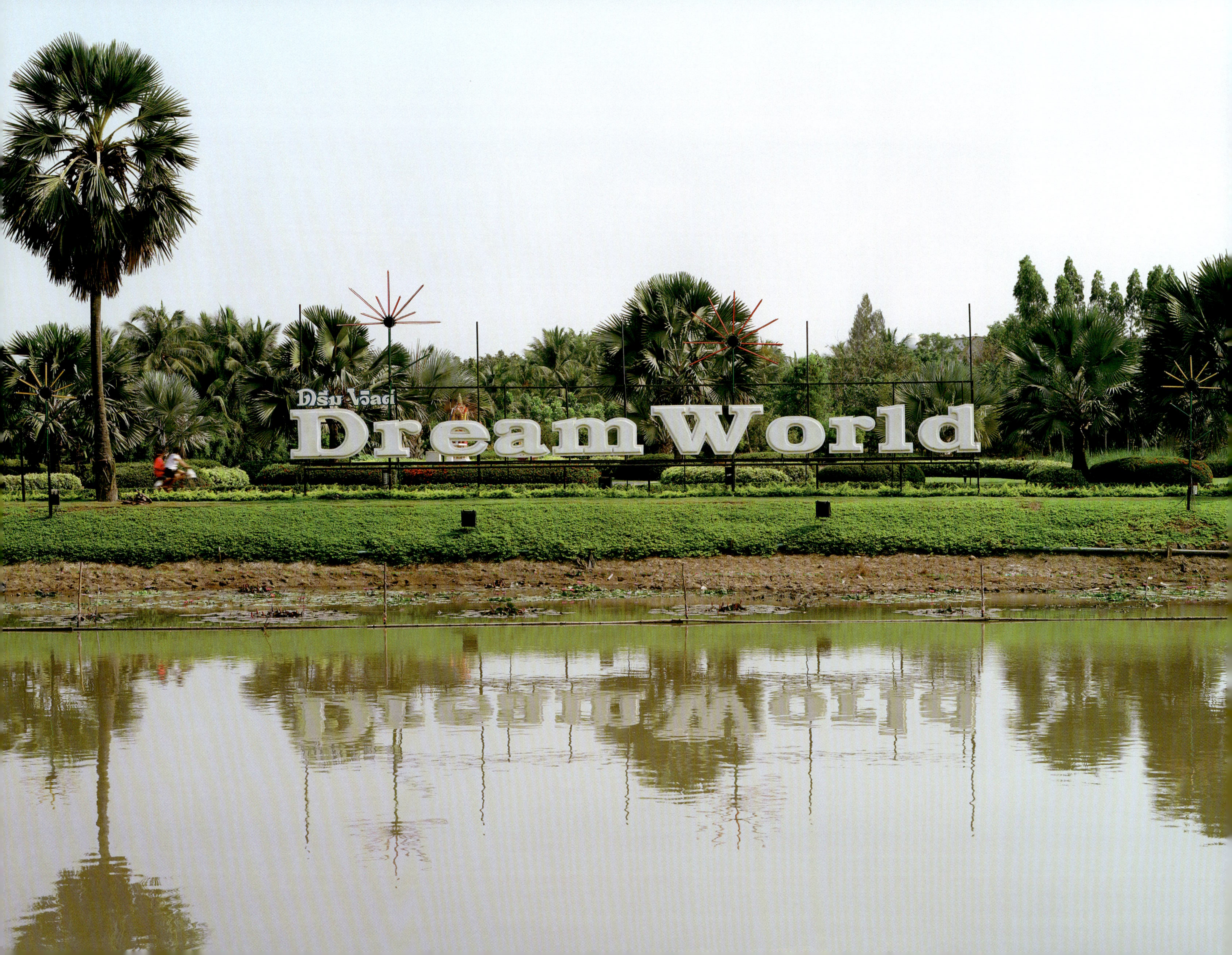
ดรีม เวิลด์
Dream World

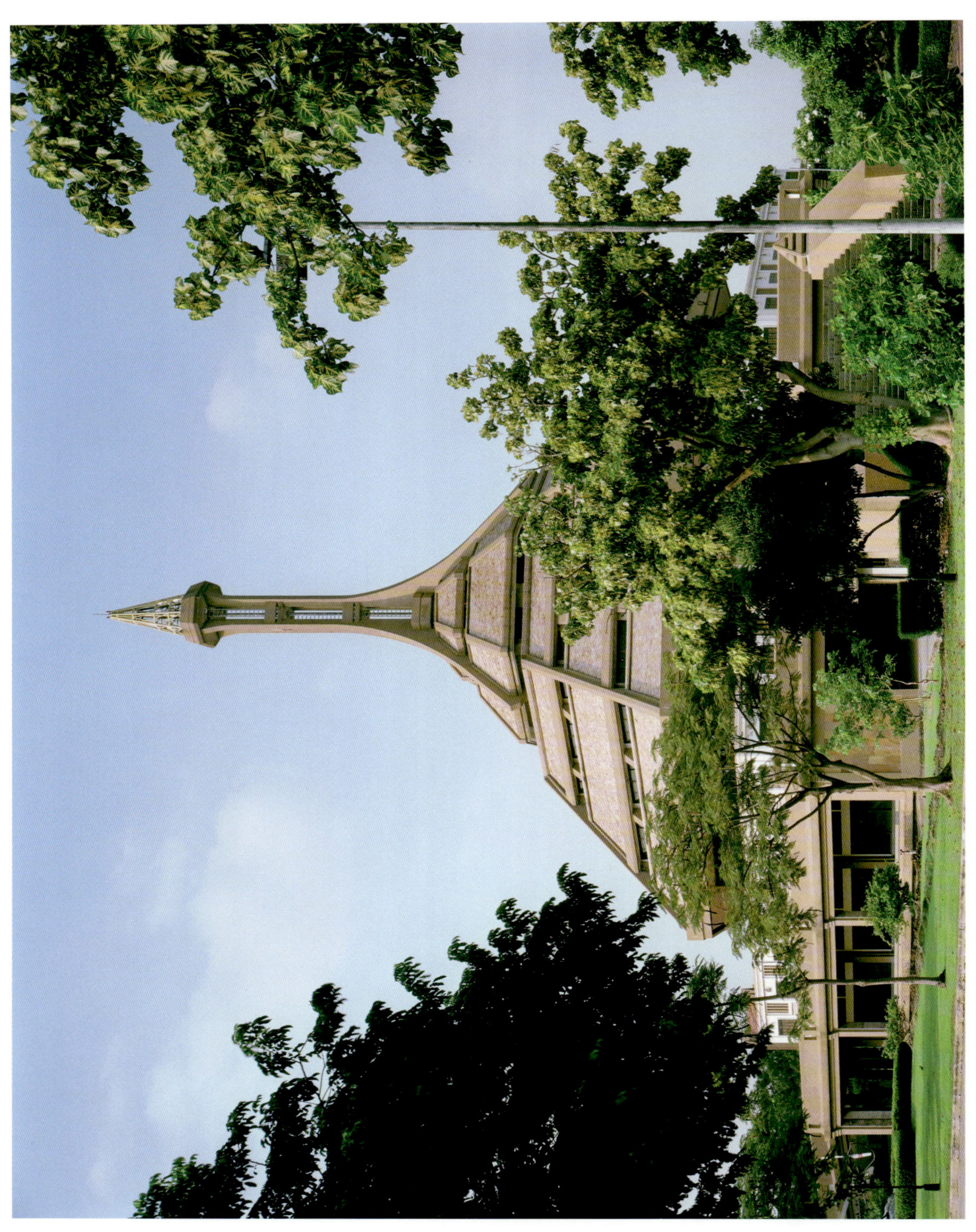

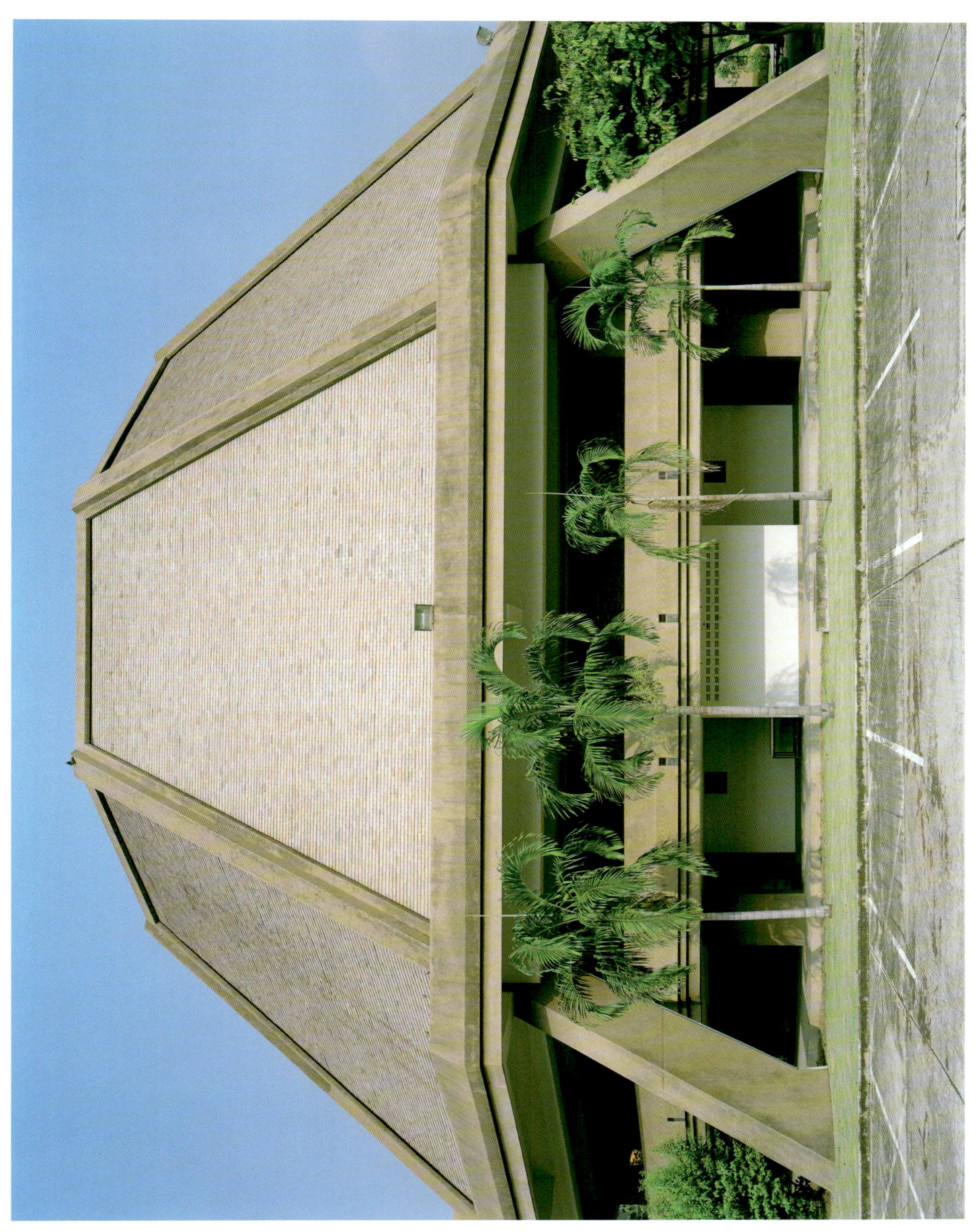

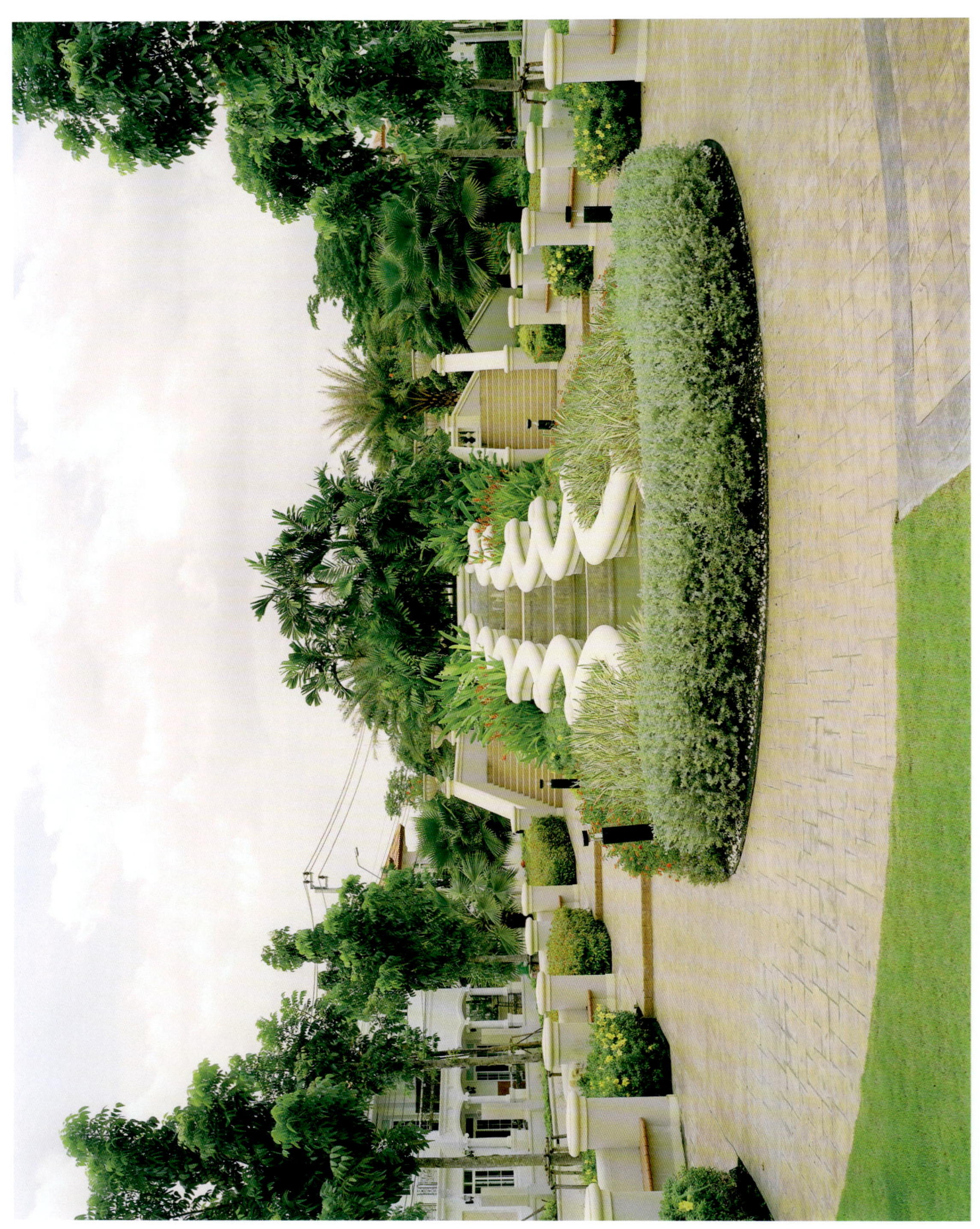

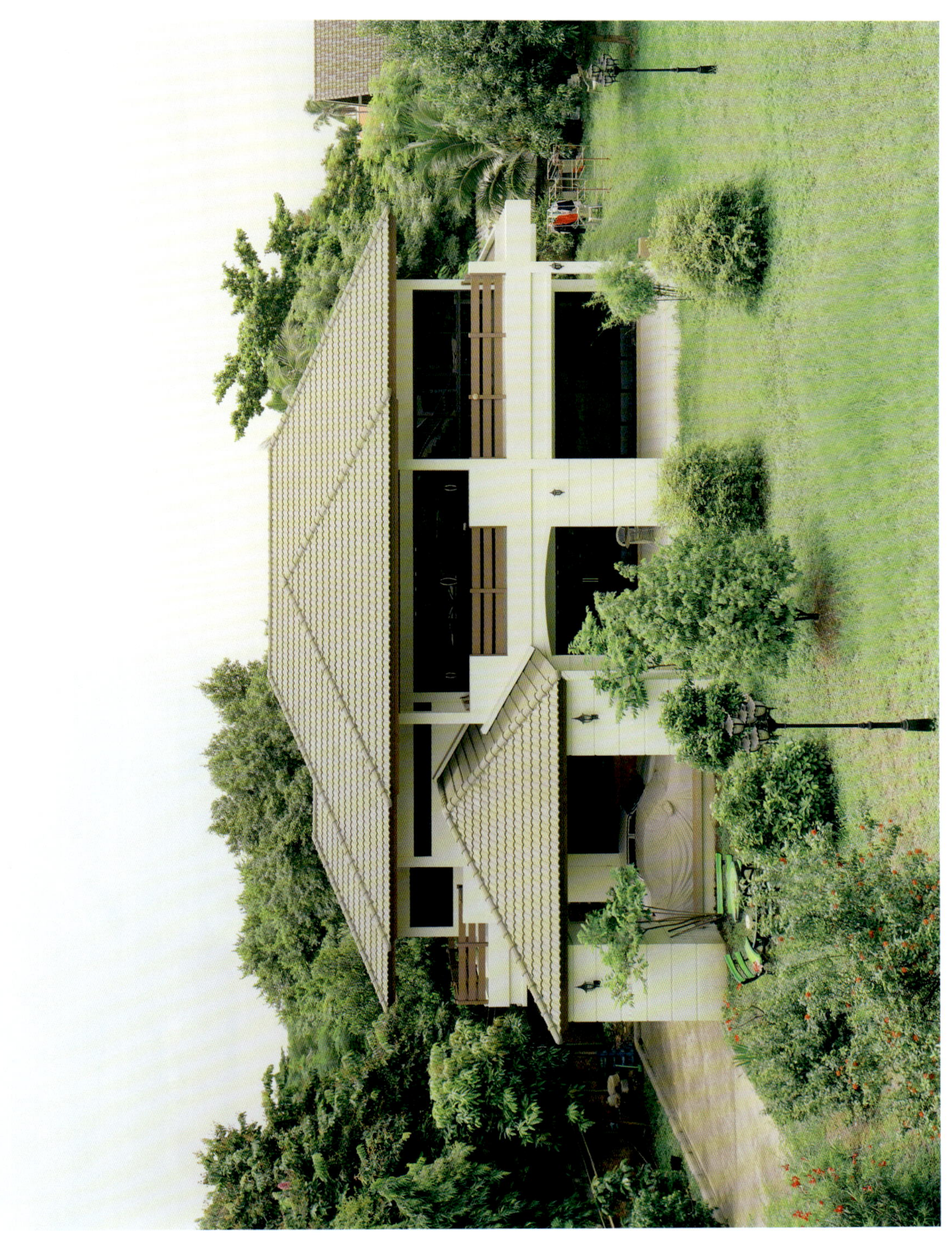

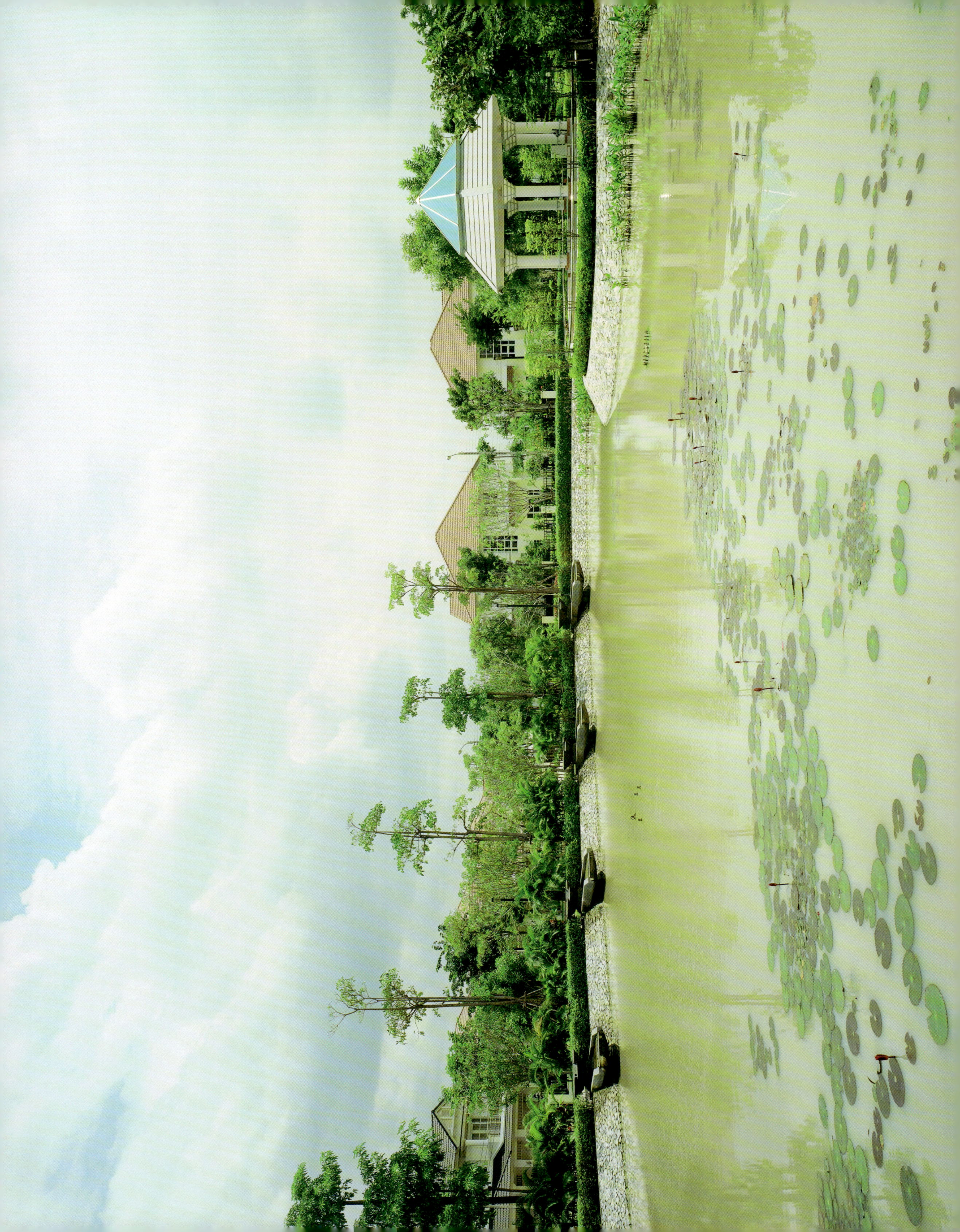

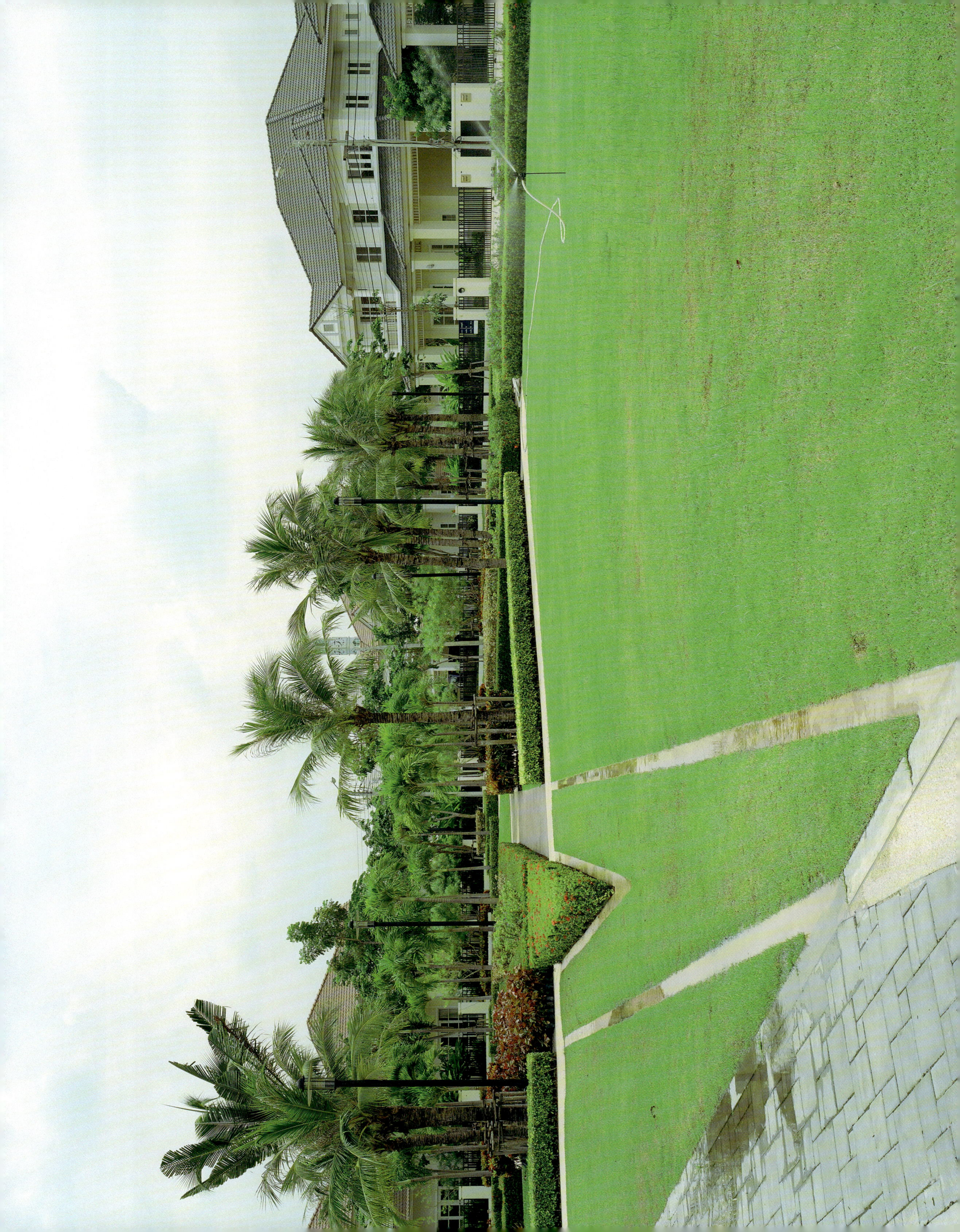

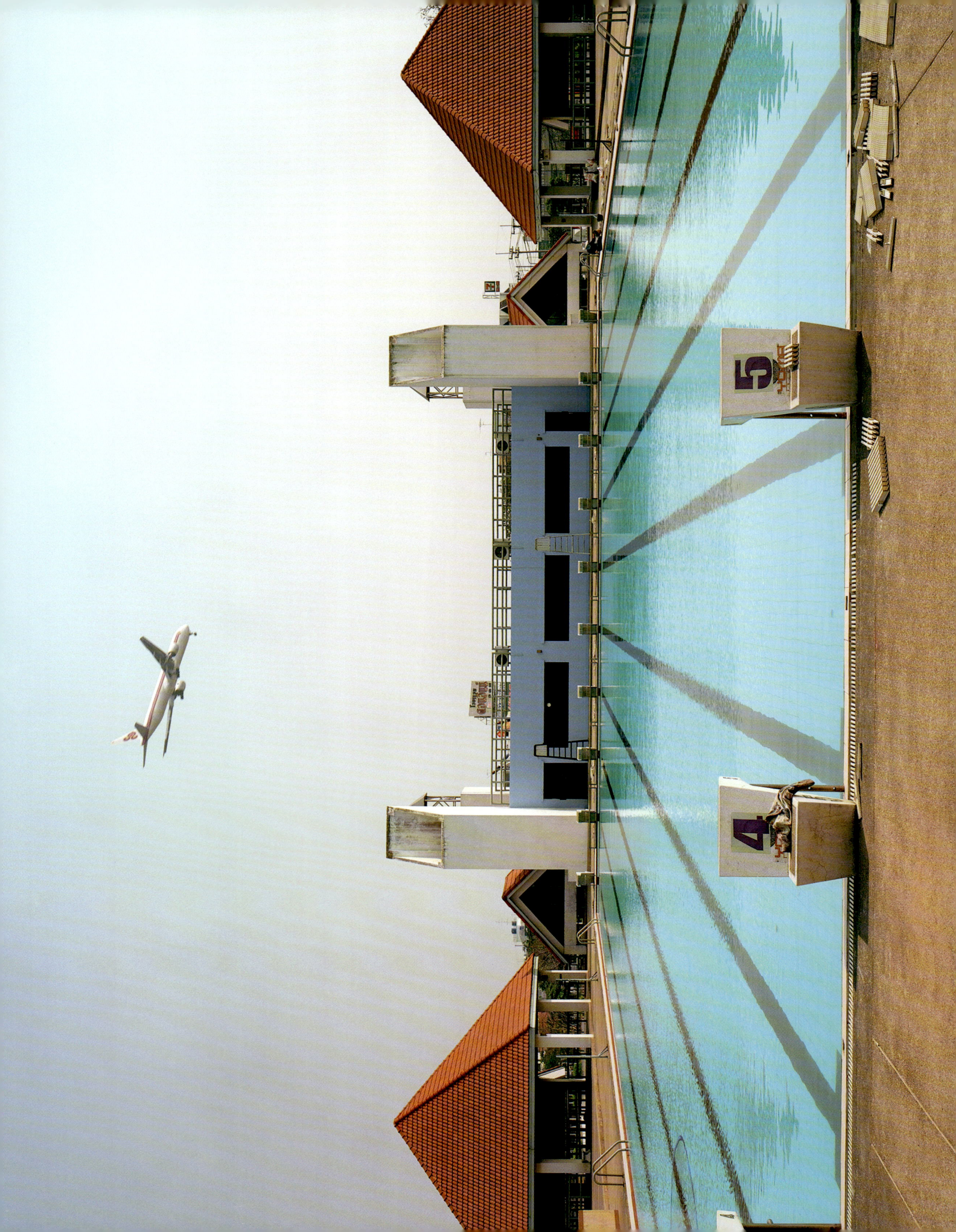

Anomalies
et curiosités

Apichatpong
Weerasethakul

Comme cela nous a toujours été dit, la Thaïlande ne fut jamais une colonie occidentale. Et c'est peut-être pour ça qu'elle aime tellement la chasse aux animaux exotiques d'Occident. Ils s'exposent sur son corps comme de glorieux trophées de chasse. Prenez par exemple ces animaux de béton qu'on appelle les *Baan Judsan*, ou, littéralement, « les logements alloués ». Une fois capturés, on les adapte fièrement, on les réorganise et on les montre dans le zoo de nos paysages contemporains. Mais on mange aussi, on défèque et on se reproduit à l'intérieur des tripes de ces animaux. Et voilà qu'un Suisse arrive avec un appareil photographique de chasse. Les images en deux dimensions de nos spécimens, il va sans doute les adapter et les réorganiser pour des zoos d'un autre genre, ceux qu'on appelle « musées » et « galeries ».

Soif de monstres

Quand j'étais petit, on a construit un tout nouveau cinéma près de la maison de mes parents. Ce bâtiment monstre, avec ce qui m'apparaissait comme des milliers de sièges, allait devenir mon sanctuaire. J'attendais patiemment les week-ends pour voir le crocodile géant, la femme aux cheveux de serpents, le fantôme volant et la nature, de mauvaise humeur, qui détruisait tout, les temples, les palaces et les amants. Mon attirance fiévreuse pour ces films inquiétait tellement ma mère qu'elle me frappa un jour pour avoir vu le même film à deux reprises. Parfois, mon meilleur ami et moi rentrions à la maison pour essayer de fabriquer des répliques des étranges merveilles que nous venions de voir. Nous avons fabriqué un grand crocodile en papier mâché qui avalait une pagode en papier mâché. Nous faisions nos propres films comme ça, avec parfois des fourmis pour la figuration, qui sacrifiaient leur vie à notre passion. À cette époque-là, mes parents, tous les deux médecins, avaient installé la famille dans une unité de logements de l'hôpital. Nos amis étaient les enfants d'autres médecins. Autour de ces maisons de bois, il y avait des jardins et de petites mares. Ma mère avait même sa propre tonnelle d'orchidées que j'appréciais plus pour sa fraîcheur que pour ses fleurs. Nous avions donc un énorme terrain de jeu, rempli de scarabées et de libellules, à quelques pas de la morgue. Je dirais que j'ai grandi dans un joli décor de nature, ce qui pourrait expliquer mon attirance tout aussi naturelle pour le contre-nature et pourquoi, pour grandir correctement, il m'a fallu mes doses de monstres et d'autres bêtes étranges à l'écran.

Une célèbre romancière anglaise, Virginia Woolf, a écrit que «tout avait changé» (en Occident) dans les dix premières années du XXe siècle. Mais la Thaïlande est toujours un peu en retard, et donc ici «tout a changé» mais seulement dans les années 1980. Ou était-ce moi, à peine âgé de vingt ans, qui avais changé? Avec l'arrivée des multiplexes, mes amis monstres des écrans avaient disparu. Le contre-nature était devenu naturel. Le sang à l'écran ressemblait à du vrai sang. Les images de synthèse avaient produit leurs vrais monstres. Désormais, les films thaïs ressemblaient de plus en plus aux films occidentaux, ou du moins c'est ce qu'ils essayaient de faire. Où étaient passées les voix familières des post-synchros de nos acteurs et actrices préférés? Ainsi, y avait-il tout une nouvelle génération de créatures néo-monstrueuses dans laquelle je ne me reconnaissais pas. Elles allaient continuer leur évolution jusqu'aujourd'hui, alors que j'approche maintenant de la quarantaine.

On pourrait commencer par envisager ces néo-monstres en évoquant les travestis joués par des acteurs de cinéma hétéros. Dans un film que j'ai vu le mois dernier, un car bourré de grands gaillards virils habillés en femmes s'arrête sur une route reculée, dans une station-service déserte, pour permettre à ses passagers de se soulager. Au beau milieu des blagues de pétomanes, les passagers en question assistent à l'apparition du fantôme d'une jeune adolescente birmane assassinée par les deux cruels propriétaires chinois de la station-service. Bien entendu, le fantôme était censé parler un thaï approximatif (comme bon nombre de travailleurs immigrés birmans dans la réalité), histoire de faire un peu rire le public. Même si je ne pouvais m'identifier à certains de ces néo-monstres, ils attisèrent cependant suffisamment ma curiosité pour que j'envisage de collaborer avec le réalisateur de ce film, ne serait-ce que pour la différence dans nos manières de travailler. Qui sait, ce projet aboutirait peut-être un jour à un intéressant cinéma hybride et difforme.

Un film, que j'ai vu il y a deux ans, pourrait être un autre exemple de cette néo-monstruosité. C'était une sorte de remake d'une comédie adolescente très populaire dans mon enfance. Le film d'origine était bon parce que tous les films que j'ai pu voir avant l'âge de dix-huit ans étaient de bons films. Dans la nouvelle version, les adolescents d'avant avaient grandi et ils étaient devenus eux-mêmes des parents. L'un de leurs enfants était étudiant à l'université dans le Nord du pays. Mais l'autre – notre néo-monstre – était un lycéen qui inquiétait ses parents à cause de ses tendances «homo». Ils avaient remarqué qu'il n'avait pas de petite amie et qu'il avait le béguin pour son professeur d'éducation physique. Le film tirait à plein sur la tactique du «Il en est? Il n'en est pas?» pour exciter le public et, le plus souvent, le faire rire. Mais au moins ce garçon m'a tenu en éveil, en particulier dans la scène du bar où sa tante gouine – jouée par une vraie gouine – lui chante une très belle chanson en grattant sa guitare. Je ne me souviens pas de quoi parlait la chanson, mais peut-être était-ce de la vie en harmonie. Et puis, dans la dernière bobine, le garçon révèle, à la surprise générale, que son professeur d'éducation physique est en réalité une fille. J'ai sans doute été la personne la plus estomaquée du public, puisque tout le monde sembla sourire avec compréhension et amusement. Tout comme la tante lesbienne et le reste des personnages. C'est à ce moment que j'ai réalisé que les adolescents rebelles du film original étaient bien morts. Une fois parents, ils étaient devenus les véritables pantins d'un réalisateur imbécile.

La Thaïlande ayant connu la gigantesque crise financière de 1997 et les perturbations politiques qui ont suivi (jusqu'aujourd'hui), on s'est sciemment mis à la remise au goût du jour du «Tout-made-in-thaï» ou de la «thaïtude», histoire d'attirer l'argent de l'étranger à travers une façade destinée aux touristes. Mais qu'est-ce qui est vraiment thaï? Pendant toutes ces années, nous avons avancé comme un troupeau obéissant en suivant les courants de la mode, de l'architecture, du cinéma, etc. Le lundi, nous nous habillons en jaune pour montrer notre amour et notre respect pour le Roi. J'aime le Roi, mais pas les milliards de bahts du business jaune. Lors de la semaine de son anniversaire, j'ai décidé de ne pas porter de jaune et j'ai été l'objet d'étranges regards. La même année, par dizaine de milliers, nous avons acheté les mêmes amulettes produites en masse, qu'on appelle les Jatukarm Ramathep et qu'on nous présente comme ayant le pouvoir de protéger la vie: encore des milliards de bahts de profit. Un département du ministère de l'Éducation a mis en vente sa propre version officielle de l'amulette, sous le nom «Richesse et Longévité». La Royal Air Force a elle aussi sorti sa version qui s'appelait «Au-dessus des nuages, Méga-riche», présentée comme un objet sacré «3D!» avec neuf rituels associés (ils avaient promené les amulettes dans neuf endroits différents de la Thaïlande afin de faire, pour chaque pièce, neuf cérémonies d'authentification). Leurs amulettes avaient même passé le mur du son. Les pilotes de la Royal Air Force avaient soigneusement placé les matériaux destinés à les fabriquer dans leurs chasseurs à réaction avant de passer le mur du son. Le site web officiel de la compagnie annonçait un prix de vente de 29 999 bahts (675,00€) pour des amulettes qui garantissaient le bonheur, la prospérité, une bonne santé et la sécurité. Les bénéfices de la vente iraient à la rénovation d'une pagode à Chiangmai et d'un temple ainsi qu'une pagode à Bangkok, autant d'objets sacrés des temps anciens. Il n'y a pas si longtemps, le sous-secrétaire au ministère du Travail a été vu dans les journaux montrant fièrement ses amulettes et déclarant qu'il avait obtenu son poste grâce aux prières qu'il leur avait adressées. «J'ai fait des sauts de cabri en apprenant qu'ils m'avaient finalement nommer!» Je suis sûr que le jour où un vaisseau spatial thaï fera l'aller-retour sur Mars, la première chose que nous ferons ce sera de fabriquer des amulettes importées du sol martien. Visuellement, ces amulettes sont assez jolies et ressemblent un peu aux biscuits Oreo, sauf que, malheureuse-ment, on ne peut pas les manger. Le père de

l'un de mes amis a acheté l'une d'entre elles et il la chérit véritablement parce que, dit-il, c'est une «première édition» et qu'il en tirera un bon prix. Cet Oreo sans sucre a, semble-t-il, des vertus vitales après tout. Mais je doute qu'elle puisse quoi que ce soit pour résoudre nos problèmes endémiques, dont le trafic humain et les exécutions extra-judiciaires.

On rencontre la même façon de penser lorsqu'on regarde notre architecture. Notre Hôtel du Gouvernement destiné à recevoir le gratin des VIP étrangers a été construit dans le (très civilisé) style gothique néo-vénitien. D'un autre côté, pour les VIP de classe affaires et les tou-ristes, on propose nos maisons thaïs tradition-nelles. Le reste d'entre nous vit dans des boîtes en béton basiques, construites sur le modèle occidental mais orientées dans la bonne direction Feng-shui pour se préserver des esprits malins. Et puisque beaucoup d'entre nous n'aspirent qu'à vivre comme des millionnaires de séries télé ou de puissants officiels d'État, on trouve aussi quelques maisons pseudo-classiques à l'européenne – même si leurs proportions ne sont pas tout à fait respectées. Dans les villages reculés aussi, on voit souvent de ces maisons de béton aux toits de tôle ondulée auxquelles a été ajouté une colonnade préfabriquée pour la touche grecque. C'est une question de statut. Avec tels et tels genres de maison, on peut être amené à recevoir des VIP étrangers. Ou bien jouer aux invités culturels dans son propre logis. Le «Tout-made-in-thaï», c'est tout simplement «Tout».

Tout cela s'accompagne d'un ultra-nationalisme stimulé par le grand choc du crash financier de 1997. L'ancien Premier ministre Thaksin Shinawatra s'est servi avec succès de ce natio-nalisme pour rendre son grand parti politique sympathique aux yeux du plus grand nombre. Le gouvernement militaire actuel se sert du même outil pour légitimer l'irruption de ses chars dans la rue. Les généraux assurent qu'ils ont agi pour sauver le navire national du naufrage. L'actuel ministre de la Culture a sorti un livret

spécial pour les touristes étrangers leur expli-
quant les manières appropriées de se comporter
vis-à-vis des autochtones et de leur bouddhisme,
un peu comme si nous étions une espèce à part.
En dépit des bonnes intentions du ministre,
je ne vois là qu'une initiative infantile et un
gaspillage d'argent. Cela montre bien l'attitude
surprotectrice de la citoyenneté de la part de
l'appareil d'État, mais aussi son intention de faire
la propagande de son propre système de valeurs
morales. Si le gouvernement français sortait
un tel livret, tout le monde serait écroulé de rire.
Le livret thaï est un signe de l'insécurité du
pays. Assez récemment, le même ministère de la
Culture a drastiquement réduit le budget déjà
minuscule alloué à l'Office pour l'art et la culture
contemporains, qui se consacrait à la promotion
d'artistes émergents. On déclara que l'aide
financière en vue de la participation des artistes
thaïlandais à des cercles internationaux ne
faisait pas partie des missions de l'Office. Plus
d'insécurité encore. La vérité est que les coupes
budgétaires résultaient de conflits de pouvoir,
de ressentiments personnels et probablement,
aussi, d'un manque total de vision. Quel que soit
l'événement, le pays finit par être perdant. Je ne
crois pas que le ministère soit à court d'argent,
du moins pas tant qu'il est capable de procurer
à tous ses saints Oreos.

Si notre navire fait naufrage ou non, ça, je ne
saurais le dire. Mais je crois sincèrement que
nous vivons une période de déclin, ne serait-ce
qu'à l'aune de l'abus pervers par le gouvernement
du terme de «décadence». J'assistais, l'autre
jour, à un séminaire sur la meilleure manière de
contrôler les médias qui se tenait dans le même
type d'Hôtel du Gouvernement de style gothique
néo-vénitien dont je parlais tout à l'heure.
Des centaines d'étudiants, et quelques moines,
y assistaient aussi, évidemment rassemblés ici
par les autorités pour la publicité de l'événement.
Pendant une pause, je suis tombé sur deux
moines en train de photographier l'intérieur des
toilettes VIP. L'un deux posait devant la porte
avec un écriteau disant: «Réservé au Premier
ministre». Je les imaginais montrant les

photographies qu'ils avaient prises à leurs disciples et discutant du Chemin vers la Lumière.
Dans le hall, il y avait des panneaux d'exposition
faisant la liste des abus commis par les médias
et indiquant la manière dont le gouvernement
avait prévu de les empêcher. J'ai tressailli en
apercevant, sur la liste des menaces contre
la société, le mot «cinéma». Le panneau disait
quelque chose du genre: «De nos jours, les réali-
sateurs thaïlandais montrent leurs films dans les
festivals internationaux. Beaucoup de ces films
comportent des obscénités et traitent de sujets
qui font du mal à notre pays.» En réalité, cette
attitude n'a absolument rien de nouveau. Il y a
près de trente ans, un film thaïlandais intitulé
Theptida Bar 21 avait fait partie des films choisis
pour être présentés dans un festival de cinéma
australien. Le Conseil de censure avait insisté
pour que le réalisateur enlève une scène qui
se déroulait dans un bidonville, au prétexte que
si le monde découvrait que la Thaïlande avait ses
bidonvilles, le prestige du pays s'en trouverait
amoindri. Cette mentalité existe et prospère
aujourd'hui encore. Le Conseil prétend en général
qu'il s'agit de protéger les jeunes esprits inno-
cents. Mais la réalité est qu'ils protègent surtout
leur propre mentalité de dix ans, pas innocente
du tout celle-ci. Alors que le séminaire se pour-
suivait, mes pensées allèrent à d'autres matériels
«déviants» que le gouvernement avait censurés
ou bannis. Plus d'une dizaine de chansons
classiques ont été bannies pour «promotion de
l'adultère», par exemple, et d'autres déclarations
de ce genre ont été faites pour interdire des
pas de danse à la télévision et un nombre incal-
culable de films, de VCD et DVD. Il semble que
certaines valeurs des marchandises bannies ne
soient pas thaï et qu'elles n'appartiennent qu'à
l'Occident décadent. En Thaïlande aujourd'hui,
on peut regarder un DVD et tomber sur une
séquence de cinq minutes caviardée par une
mosaïque de pixels. La cigarette est tellement
dangereuse que le public est défendu de voir
quiconque en allumer. Les censeurs les cachent
systématiquement. Et que faisons-nous? Nous
nous soumettons et nous décodons. Les specta-
teurs thaïlandais imaginent mécaniquement,

derrière les flous et les mosaïques, ce qu'ils n'ont pas le droit de voir — en fonction du récit: des cigarettes, une paire de seins, des fesses et ainsi de suite. Beaucoup des plus jeunes ne voient pas d'inconvénient à ce genre de censures puisqu'ils ont appris à les décoder grâce à l'expansion des DVD illégaux bourrés d'images de vraies bites et de vraies chattes.

En même temps, dans les séries télé, on voit en permanence des gens s'envoyer des coups ou se tirer dessus (en fait, hier encore, j'ai regardé une série dans laquelle un type tire sur un autre en vidant son chargeur alors même que l'autre est déjà couvert de sang). Il semble que nous aimions à satisfaire notre nature barbare bien de chez nous dans l'intimité standardisée de nos salons. Pour l'extérieur, nous préférons montrer notre civilisation (telle que la voient les pays exotiques) associée à notre fameux sourire siamois. Nous adorons les voitures japonaises, les vêtements et accessoires européens et les films américains. Les expressions des visages des jeunes filles à la télévision sont les mêmes que celles des adolescentes japonaises. Le principe: lorsqu'on est excité, joindre les mains près du menton et secouer la tête; lorsqu'on est amoureux, croiser les mains jointes sur la poitrine. Naturellement, nous aimons Rain — l'idole coréenne de la musique pop pour lequel la plupart des jeunes et moins jeunes femmes (et hommes, parfois) seraient ravies de vendre leur petit ami ou leur mari. Quoi qu'il en soit, même si nous sommes tous d'accord pour dire que Rain est canon, je voudrais personnellement le mettre en garde, lui, parce qu'il doit faire bien attention. Le pays est encore divisé en de nombreuses classes, un peu comme les plaques tectoniques qui se bousculent et provoquent des tsunamis. Il y a trop de plaques politiques, religieuses, de goûts et, par-dessus tout, de tabous. On peut être l'idole d'un jour et détesté le lendemain, voire jeté en prison. La chute du régime de Thaksin en est un bon exemple. Thaksin a été suffisamment imprudent pour ne pas se soucier de brouiller sa propre image. Il a dû oublier que nous passons notre vie à décoder.

Aujourd'hui, le gouvernement militaire brouille tout ce qu'il peut. Les sites Internet ont été fermés en grand nombre; certaines stations de radio indépendantes ont été forcées de fermer. Mais les autorités ne devraient pas oublier à quel point nous sommes passés maîtres dans l'art du décodage. Actuellement, YouTube est banni, mais beaucoup de monde sait y accéder en utilisant un logiciel particulier. C'est la même chose avec la vie que l'on ne peut pas vivre tout simplement «en ligne droite». Il faut savoir zigzaguer (parfois le synonyme le plus approprié de cette expression est «être corrompu»). Thaksin a zigzagué. La junte a zigzagué. Et c'est ce que la Thaïlande elle-même a fait pendant des siècles, annihilant certaines valeurs et s'en appropriant d'autres au passage. Donc il est difficile pour moi de comprendre ce que peut bien vouloir dire notre «identité nationale».

J'écris ce texte dans la ville où j'habite, Khon Kaen, à 450 kilomètres au nord-est de Bangkok. Assis dans ce qui fut «ma chambre» d'adolescent, je relis le passage ci-dessus et regrette de ne pas avoir quelque chose de plus gai à dire. Aujourd'hui, j'ai accompagné ma mère en ville et j'ai remarqué que le joli vieux marché avait été détruit et qu'on l'avait remplacé par d'horribles mastodontes de bétons standardisés. Je me suis demandé comment Leo, le photographe suisse, pourrait s'y prendre pour les rendre plus attirants qu'ils ne le sont en réalité? Peut-être avec la lumière dorée du soir? Je doute que ça marche. Les bâtiments n'ont même rien de kitsch. Aucun n'a de ces fausses colonnades qui auraient pu m'inspirer. Quoi qu'il en soit, si nous sommes les monstres de Leo, il se peut bien qu'il finisse par trouver le bon angle pour satisfaire sa quête. Peut-être que ma ville et notre pays reflètent la tristesse de ne s'être jamais battus pour leur indépendance. Voilà pourquoi nous avalons tout et n'importe quoi. Et aujourd'hui nous sommes si repus que nous ne savons même pas comment digérer le bric-à-brac qu'il y a sous la peau tendue de nos ventres. Mes monstres bien-aimés se sont égarés dans ces vastes décombres. La structure de mon cinéma préféré est

encore debout. À une époque, c'est devenu
une salle de billards et puis une salle de boxe.
Aujourd'hui, il est fermé pour de bon, et très
abîmé. À l'intérieur, il fait noir, et seuls quelques
fantômes continuent de fixer l'écran blanc.

Un soir, j'ai emmené Mickey et Minnie faire un tour
à vélo dans le parc de la ville. Mickey, c'est mon
neveu de dix ans et Minnie, ma nièce de trois ans.
Beaucoup de gens étaient là, chacun avec sa
façon de jouer: badminton, aérobic de masse,
jogging et promenade. À un bout du parc,
il y avait une cage gigantesque, si grande qu'elle
avait l'air d'un vaisseau spatial noir posé sur
une pelouse déserte. C'était le zoo miniature de
la ville. J'avais Minnie derrière moi et nous avons
fait de la bicyclette autour de la cage en jetant
des coups d'œil aux silhouettes des créatures
qui s'y trouvaient emprisonnées. De façon assez
surprenante, il y avait quantité d'arbres à
l'intérieur qui camouflaient les animaux. Et puis
j'ai remarqué un escalier en béton qui montait
jusqu'à l'une des hautes poutres métalliques sous
le toit de la cage. À ce moment-là, nous avons
repéré un groupe de paons sur le sol, Mickey m'a
dit qu'en attendant jusqu'au matin, on pourrait
voir ces oiseaux présenter leurs roues multi-
colores. Et puis il a pointé du doigt et il a dit:
« Regarde! Il y en a un qui monte l'escalier! ».
Nous avons regardé le paon atteindre le haut
de l'escalier et sautiller pour se percher sur la
poutre. À quoi pensait-il, les yeux posés sur le
soleil couchant? Est-ce qu'il ressentait l'énergie
de l'excitation qui irradiait des deux petits êtres
humains avec lesquels je me trouvais? Et puis
les autres paons suivirent à leur tour, grimpant
tranquillement les marches pour se reposer
sur la haute poutre.

Mis en forme par Ben Anderson

Highways & Landscapes
Une anthropologie
des nouveaux espaces
suburbains

Pascal Beausse

La ville post-globale se donne pour fonction d'éveiller les désirs, en préférant vendre du rêve plutôt que de résoudre les problèmes. Elle se développe en une série disjointe de prothèses urbaines, d'oasis protégées, d'enclaves, zones et ghettos esthétiquement qualifiés en fonction des classes sociales auxquelles ils sont destinés. Elle se construit en référence à une mosaïque de modèles diffusés par la mythique «American way of life», dont elle reproduit le modèle-type. Las Vegas pourrait en être le creuset originel. Dubaï en est l'expression ultime: le prototype monstrueux d'un fantasme futuriste, directement transféré dans le réel depuis l'écran d'ordinateur où il est conçu – en camouflant les conséquences humaines et sociales souvent désastreuses d'une telle pratique.

Bangkok apparaît comme l'adaptation bon marché de ce rêve américain, en banlieue sud-est de l'Empire[1]. L'on peut y observer les phénomènes du développement en processus accéléré, commun aux métropoles de la façade Pacifique de l'Asie, dans leurs dimensions architecturales et urbanistiques. L'espace de la ville contemporaine, qu'elle se développe par extension ou par renouvellement, s'y manifeste depuis les dernières décennies dans une dynamique économique

et sociale exceptionnelle. Cette accélération de l'implantation d'une architecture nouvelle, importée d'Occident et couplée à un urbanisme de mégapole, s'est imposée à une tradition issue d'un héritage millénaire de pratiques ancestrales. Deux espaces historiquement qualifiés de façons très dissemblables se trouvent ainsi superposés. La marche en avant forcée par le boom économique a produit cette imbrication de deux pensées de l'espace, en parallèle à une transformation de la vie quotidienne.

Le projet de Leo Fabrizio consiste en l'observation des conséquences spatiales de ce phénomène de transformation rapide des villes sous l'emprise de la globalisation. Avec l'ensemble photographique intitulé *Dreamworld*, il représente ce «clash» entre des images de rêve et une réalité territoriale. La nouvelle ville thaïlandaise y apparaît dans ses dérèglements architecturaux et urbanistiques comme un programme de société soumis aux impératifs politiques de la junte au pouvoir. Le développement à grande vitesse de la mégapole thaïlandaise au début du XXIe siècle est soumis à des impératifs de contrôle social, masqués par des promesses de bonheur. L'histoire récente de la Thaïlande, secouée d'instabilité politique, de soubresauts

1. Cf. Antonio Negri et Michael Hardt,
    Empire, Exils, Paris 2000.

et de spasmes sociaux, manifeste cette difficile adaptation à de nouveaux modèles de vie.

Le projet d'une description photographique de cette situation paradoxale se résume dans l'analyse lucide de l'artiste: «Un peuple qui croit accéder à son rêve est un peuple qui ne se révolte pas.» L'architecture est comprise comme un outil mis en place par le pouvoir afin d'endiguer les velléités de protestation. À intervalles réguliers, la société thaïlandaise craque pourtant, dans une succession de soulèvements des opposants en chemises jaunes puis en chemises rouges. Le rêve de la maison individuelle et de l'accès à la propriété continue à se développer à marche forcée, dans un contexte de bouleversements sociaux et territoriaux engendrés par la séparation des espaces.

Pour décrire le cadre construit de ce phénomène, Leo Fabrizio développe une procédure réfléchie d'enquête sur le réel, par une investigation en profondeur dans les réalités multiples et contradictoires de la ville. Son outil de représentation privilégié – la chambre photographique du «peintre de la vie moderne» – lui permet d'effectuer une scrutation analytique des territoires urbanisés qu'il investit. Son utilisation du médium photographique comme moyen de représentation des réalités contemporaines le place dans la continuité d'une histoire de la photographie documentaire, ayant fondé le projet d'un acte de représentation réfléchie des coordonnées physiques et concrètes du monde. En réinventant la notion d'exigence documentaire à l'aune de l'évolution de la photographie contemporaine, Leo Fabrizio déploie plusieurs registres d'images qui s'adaptent au sujet observé et permettent la construction d'un «portrait de ville» composite.

Walter Benjamin a exploré de manière littéraire la possibilité de dresser le portrait d'une ville singulière par petites touches, en accumulant des notations issues d'une expérience quotidienne de sa pratique de l'espace et des fragments issus de ses lectures. Il s'agissait pour lui de produire un montage associant objectivité et subjectivité, savoirs acquis et impressions vécues.

Instruite par le renouvellement des régimes scopiques et la démultiplication des régimes de vitesse permettant de parcourir la ville, cette formule inédite de production d'une image kaléidoscope de la ville correspond à la méthode cinématographique du réalisateur soviétique Dziga Vertov. Représenter la ville consiste à la parcourir dans toutes ses dimensions pour tenter d'en restituer la multiplicité des réalités simultanées.

Dans la période contemporaine de l'histoire de la photographie développée au sein du système des arts visuels, le regain des protocoles documentaires de représentation de la ville et du bâti a été inspiré par les schèmes analytiques de l'art conceptuel. Du grand projet d'une archéologie immédiate du monde industriel anonyme construit par Bernd & Hilla Becher à la description intégrale du Sunset Strip de Los Angeles par Ed Ruscha, s'est déployée l'idée d'une représentation objective et systématique d'une situation urbaine et architecturale donnée.

Ces protocoles sériels inspirent la méthode d'enregistrement documentaire et accumulatif d'une partie du projet de Leo Fabrizio, qui procède à la représentation frontale et régulière des façades de maisons individuelles d'une même rue de lotissement. Ce principe descriptif objectif lui permet de montrer la conception de pavillons de banlieue par duplication d'un même modèle. Puisque ces maisons se déploient en de longues frises au bord des rues, il les photographie frontalement une à une, obtenant un ensemble fondé sur le principe de leur démultiplication et des variations infimes de leur construction. Accrochée en grille, sur cinq registres superposés, cette série de photographies d'un ensemble de demeures appartenant au même lotissement construit son esthétique à partir de la monotonie de la succession des pavillons dans l'espace réel. Les différents états d'avancement dans la construction ou l'appropriation par les habitants apportent à cet ensemble un système visuel fondé sur la différence et la répétition.

Dreamworld se construit dans un agencement de groupes photographiques distincts. Leo Fabrizio assemble des régimes de représentation complémentaires. Le style de ses images passe ainsi successivement du protocole sériel au genre du tableau de paysage, d'une objectivité descriptive à une suggestion onirique.

De grands caissons lumineux viennent qualifier les images de rêve générées par cet imaginaire post-moderne sur lequel la communication visuelle de la nouvelle ville thaïlandaise est construite. Les autoroutes surélevées filent vers un horizon édénique, symbolisé par un coucher de soleil aux tons mordorés, semblant ignorer la réalité sociale en contrebas – comme une métaphore de la dure verticalité de la société.

Une série de photographies au format tableau représente le système d'organisation des «gated communities» – ces enclaves destinées à la nouvelle bourgeoisie, coupées de la cité et protégées par des milices privées –, à partir de la lisière entre espace public et espace privatisé: cette limite entre un espace sans qualités et un espace surqualifié par une esthétique internationale, en faisant fi de la culture vernaculaire.

À l'entrée d'un parc de loisirs, les mots «Dream World» marquent de leur esthétique du divertissement l'espace fermé qu'ils signalent – et donnent son titre à ce vaste ensemble de représentations. *Dreamworld*, comme un logo pour une société commercialisant un style de vie, vendu en pack avec l'architecture qui le promeut.

Dreamworld reconnaît sa dette envers le séminal *Homes for America* (1966-1967) de Dan Graham. Le «Homes for Thaï» de Leo Fabrizio est une anthropologie de l'espace à l'heure de la disparition de l'utopie. Il y a dans la formulation de son enquête photographique un caractère très précisément situé sur un plan local, en un endroit bien particulier de la géographie mondiale, mais aussi une dimension universelle. À partir du cas thaïlandais, Leo Fabrizio propose un diagnostic anthropologique de la disparition de la ville.

Dans ce paysage désarticulé, qu'est-ce qui fait encore signe de l'existence d'une ville? D'immenses panneaux publicitaires annonçant des programmes immobiliers pharaoniques surplombent les cabanes de survie sur pilotis. Deux espaces absolument disjoints se superposent dans ces images. Le rêve et la misère. L'hédonisme artificiel en négation de la lutte quotidienne pour survivre, sous le poids symbolique infamant d'images de communication fallacieuses. Il n'y a plus de signes d'une ville mais des signes de consommation d'un mode de vie vendu avec la disparition de la ville, considérée comme archaïque. La ville est le lieu de la rencontre et de l'échange; les espaces inventés par la culture suburbaine globalisée nient et empêchent cette civilité.

L'articulation du diptyque *Future Park* en un champ/contre-champ décrit bien cet espace paradoxal: les structures gigantesques de publicités qui s'enchevêtrent avec l'habitat ancestral font face à un centre commercial aux façades bardées de logos, desservi par une voie rapide. C'est la définition parfaite du non-lieu. Voici un décor idéal pour situer un roman d'anticipation sociale inspiré par le visionnaire J. G. Ballard, en annonce d'une catastrophe fomentée dans les embouteillages entre le supermarché et la villa insulaire. Toutes les névroses d'insatisfaction, de frustration et d'ennui peuvent se nourrir à cette fontaine des psychopathologies propres à l'hypermodernité. Il y a rupture dans le processus d'individuation: un corps social collectif ne peut se construire au milieu de cette centrale de production de laideur. L'abus des mots «Future», «Dream» et «Paradise», transformés en vains slogans inopérants, n'y changera rien.

Bangkok apparaît alors comme un laboratoire de la ville du futur. Une ville du contrôle pensée selon un urbanisme de la peur, étouffée par l'individualisme, les neuroleptiques de la société de surconsommation et l'aspiration à la propriété privée comme finalité ultime de vies exsangues. Un mauvais rêve.

Index

All works are dated 2004–2007
Lambda prints mounted on aluminum and
illustrated verso
Produced in two sizes:
a)   80 x 100 cm, ed. of 3 + 1 AP
b)   120 x 150 cm, ed. of 3 + 1 AP

With the exception of the following two works:

Highway, 2004–2007
Lambda prints mounted on aluminum and
illustrated verso
Produced in two sizes:
a)   80 x 100 cm, ed. of 3 + 1 AP
b)   120 x 150 cm, ed. of 3 + 1 AP
Also a lightbox:
120 x 150 x 20 cm, ed. of 3 + 1 AP

Villa Thai, 2004–2007
Installation of 20 lambda prints
Each mounted in a white wood frame
with protective glass
30 x 40 cm, ed. of 6 + 1 AP

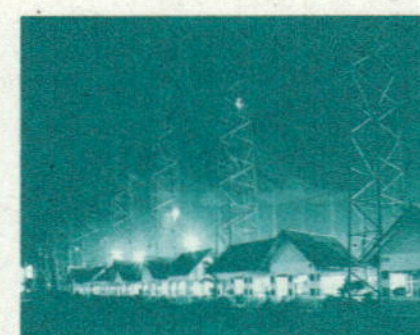

Karaoke

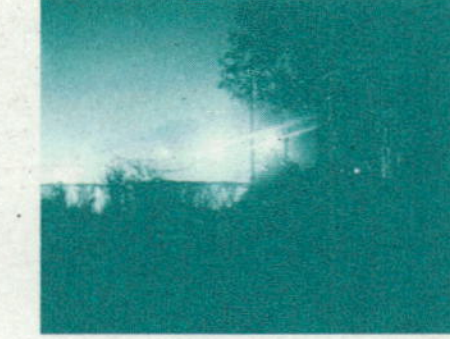

Thai Night

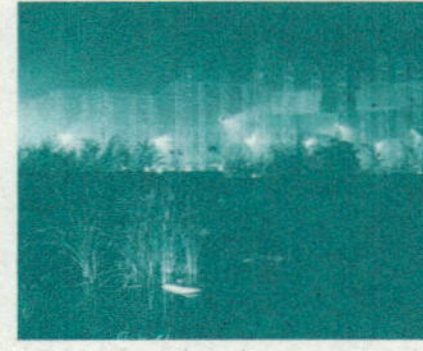

Pond

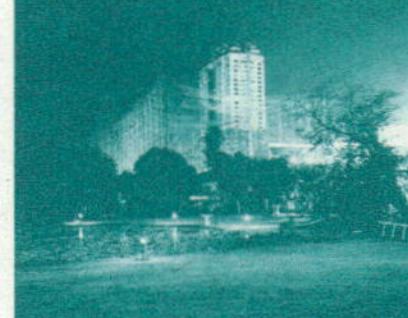

City Scape

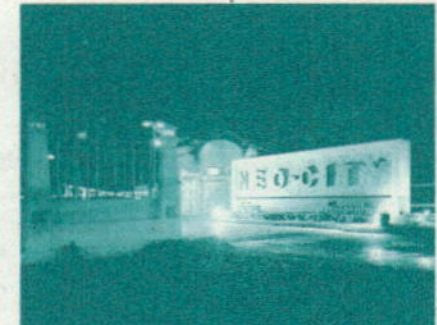

Neo-City

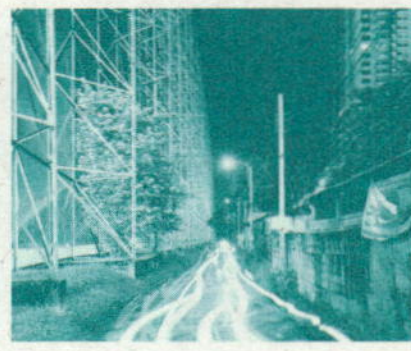

Lights

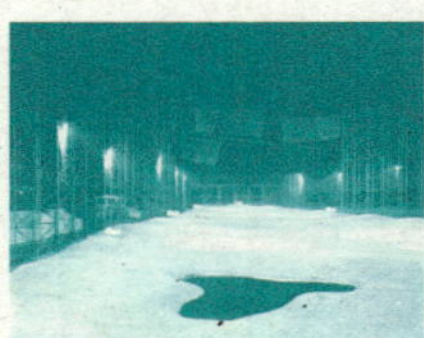

Lake

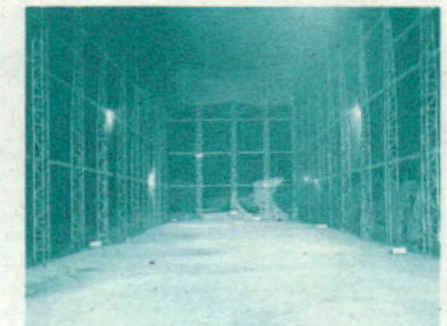

Driving Range

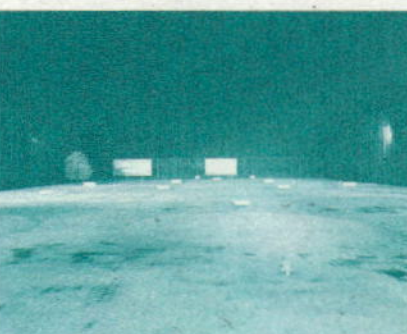

Practice

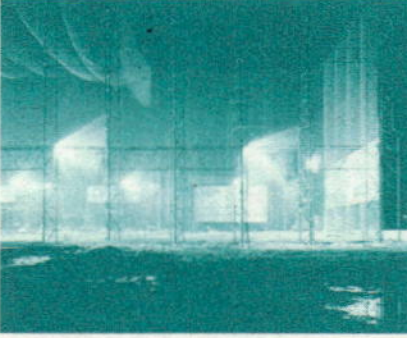

No Mans Land

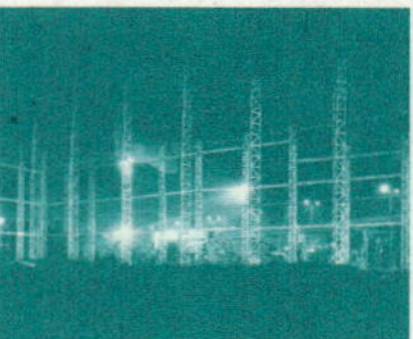

Structures

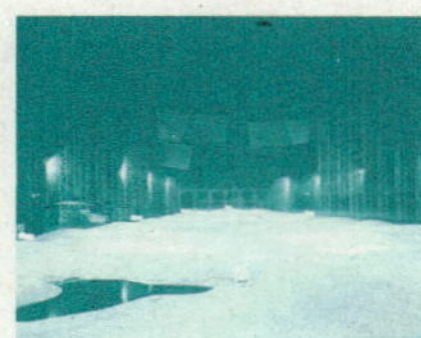

Quad

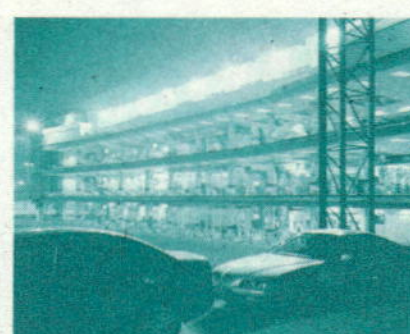

Three Floor

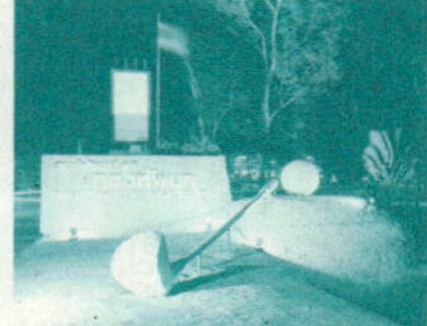

Golf Sculpture

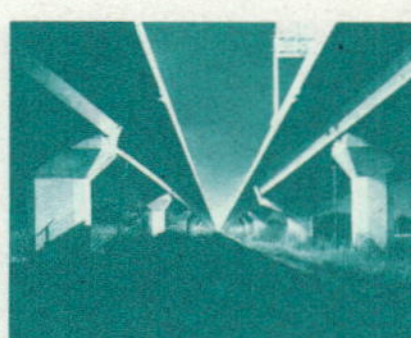

Highway

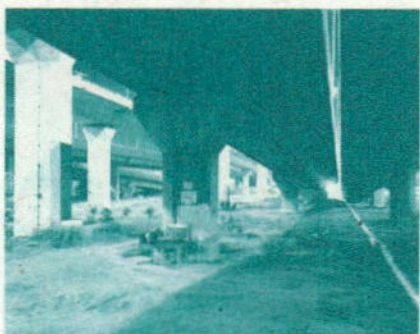

Highway Life

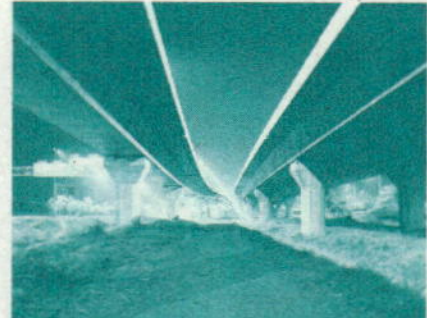

Motorway

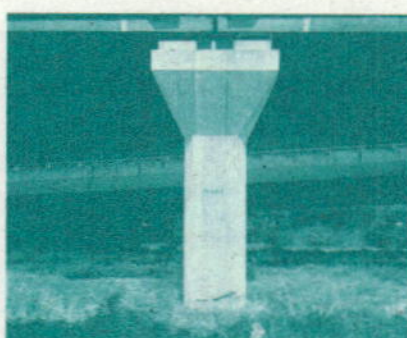

Pile

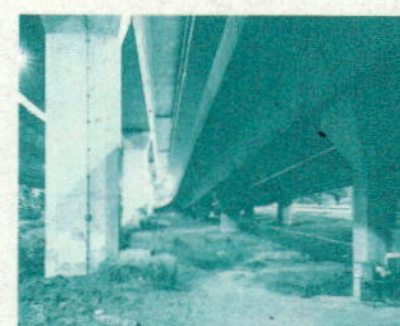

Highway Office

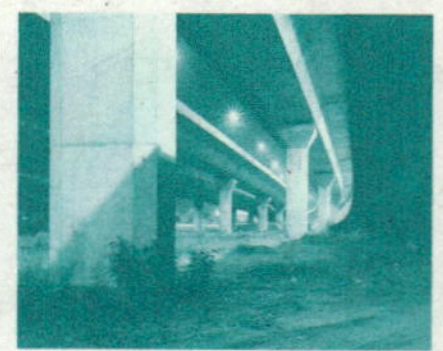

Pretty Highway

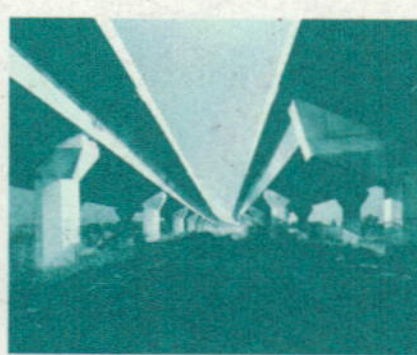

Tollway

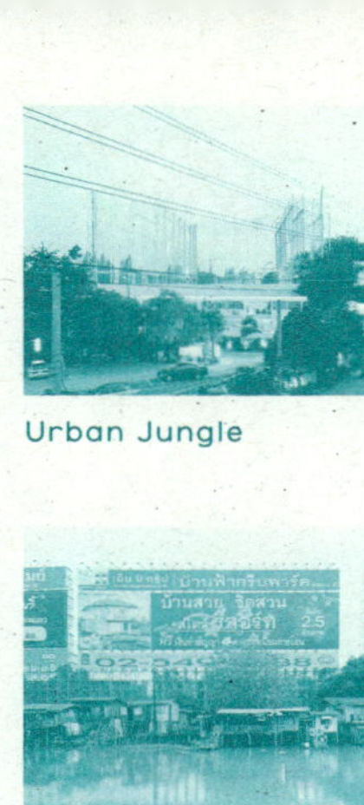 Urban Jungle

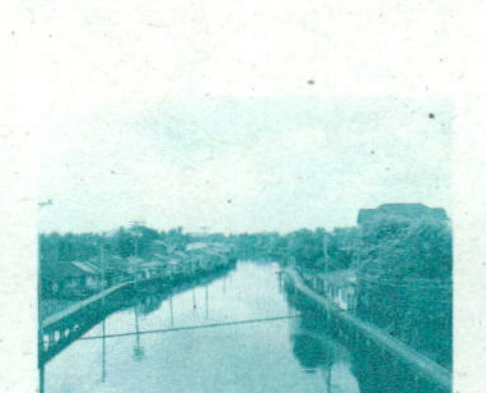 Zeer

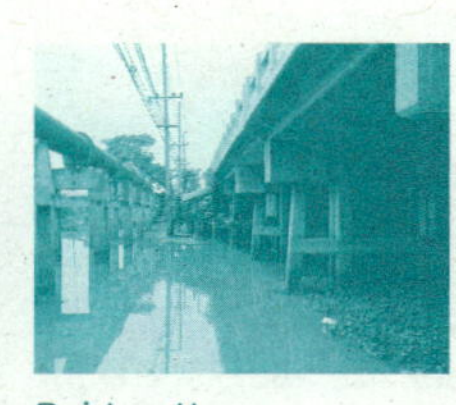 Future Park

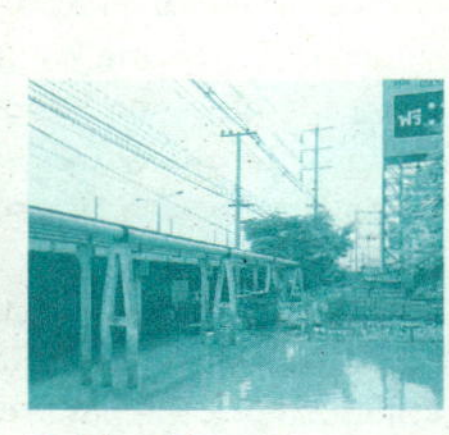 Future Baan

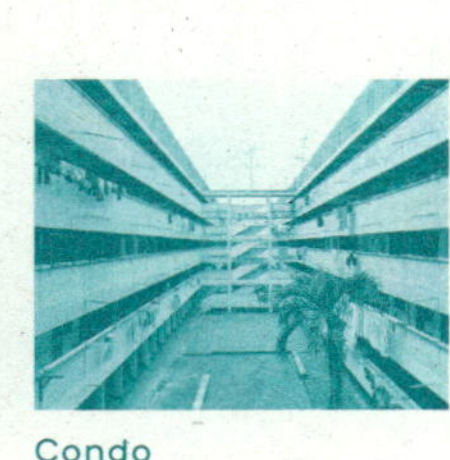 Future Ad

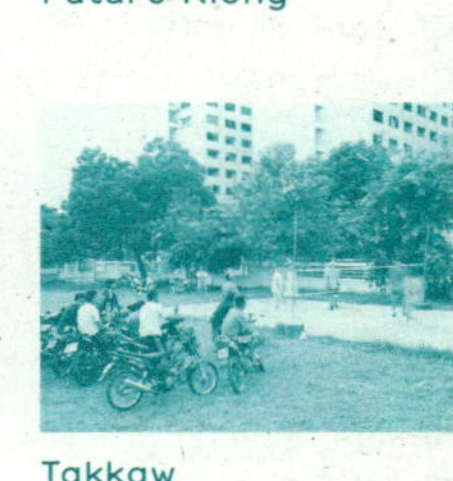 Future Klong

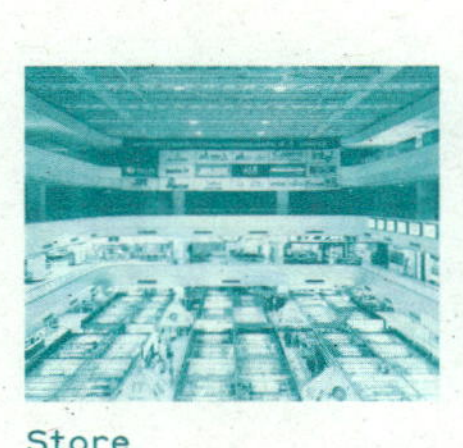 Ad

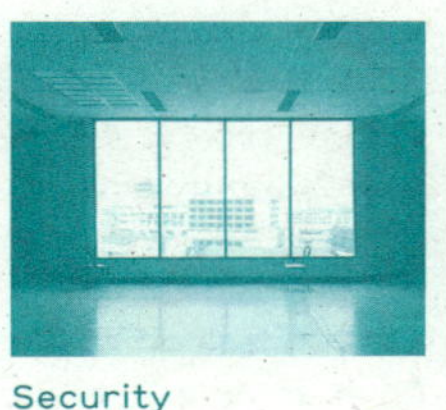 Klong

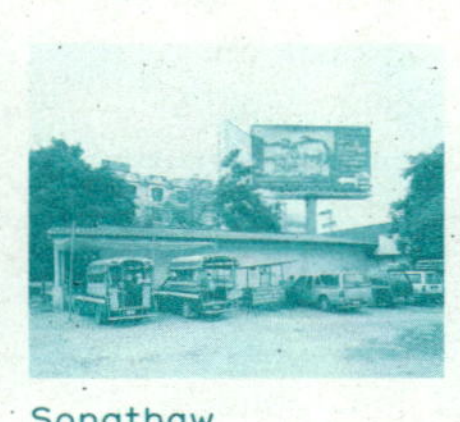 Bridge Home

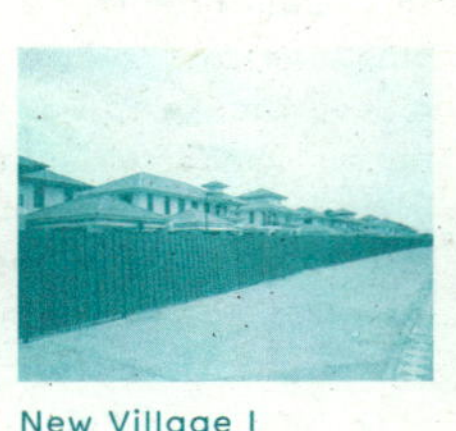 Bridge Home

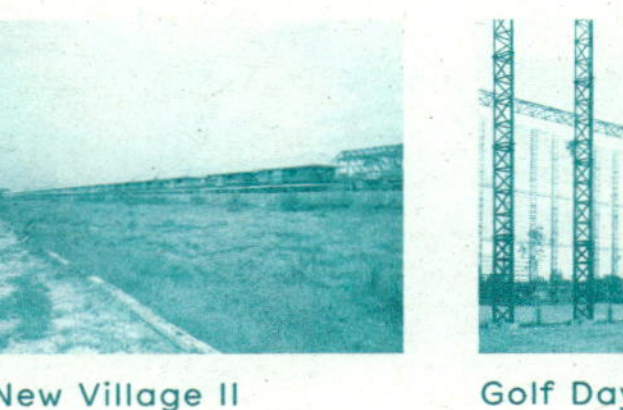 Condo

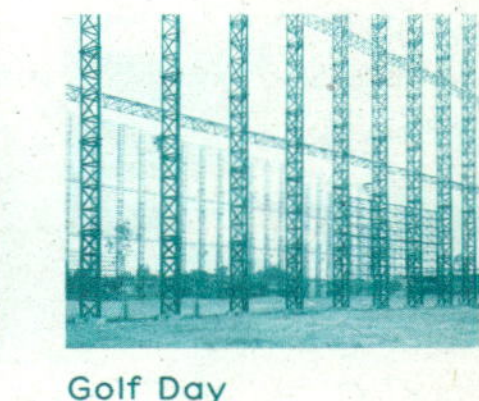 Takkaw

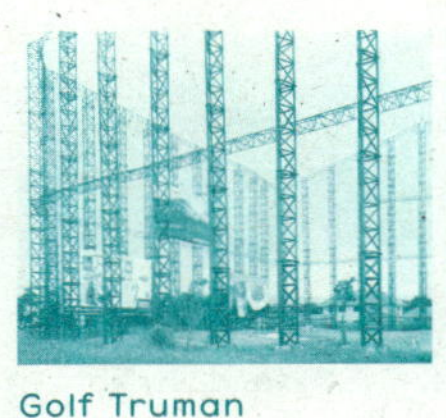 Store

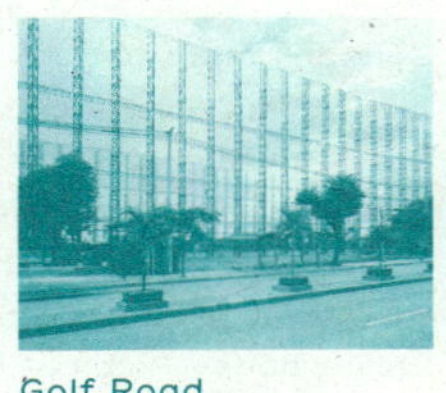 Security

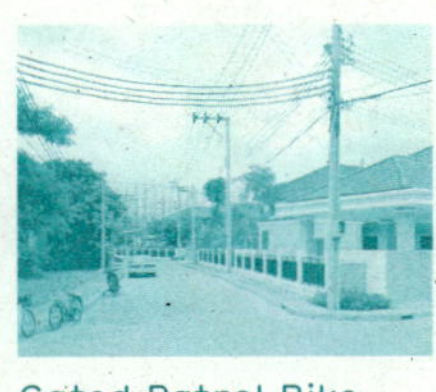 Songthaw

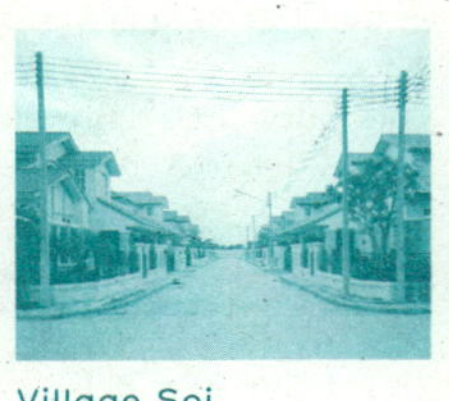 New Village I

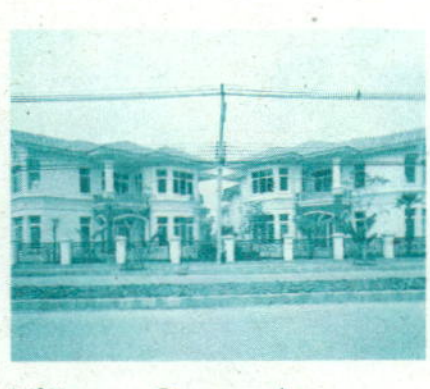 New Village II

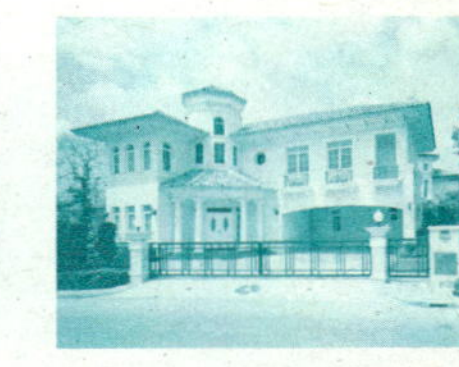 Golf Day

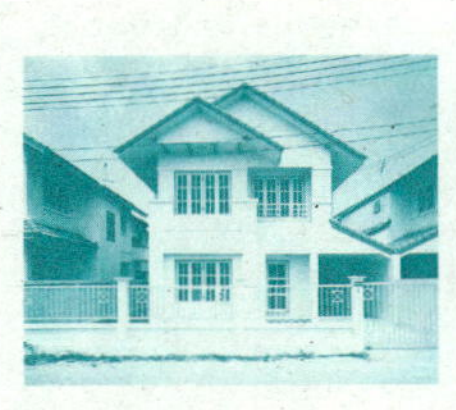 Golf Truman

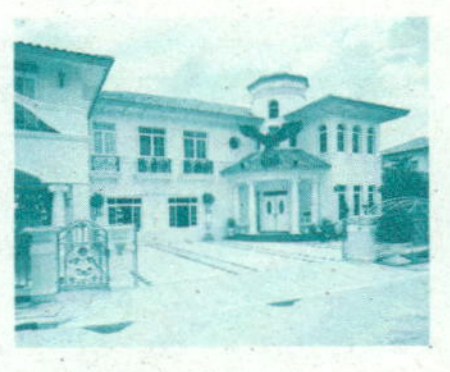 Golf Road

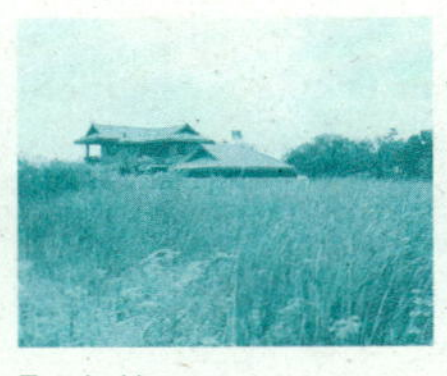 Gated Patrol Bike

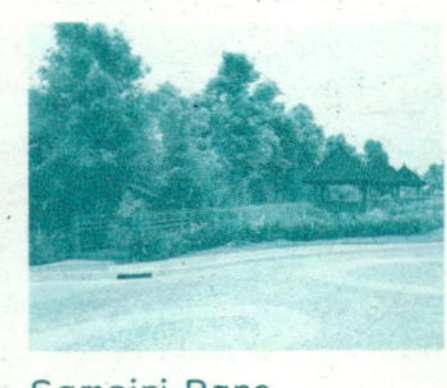 Village Soi

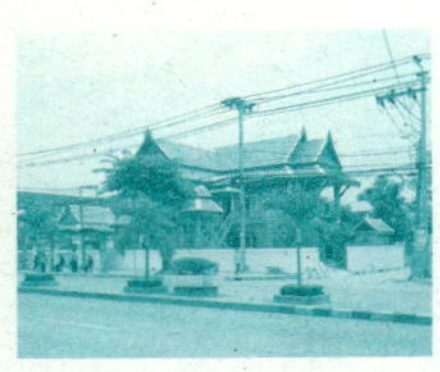 Village Symmetry

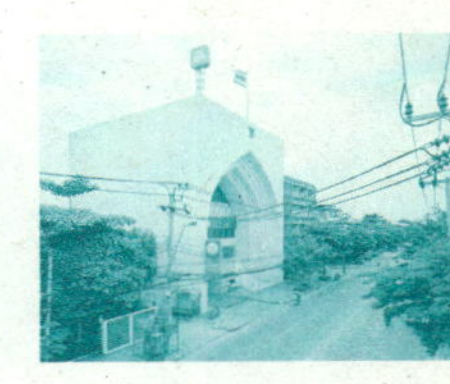 40 Million Baht

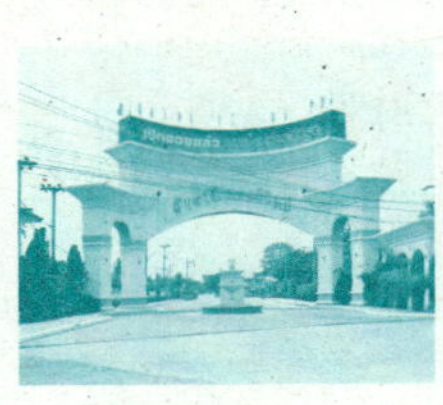 Villa Thai

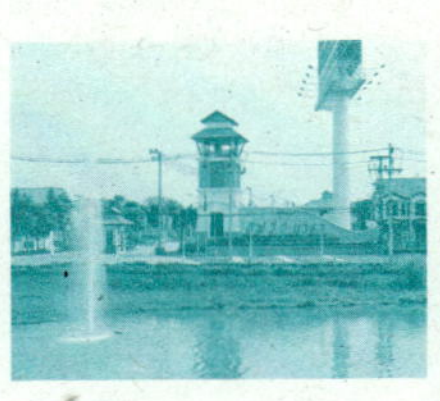 Chinese Villa

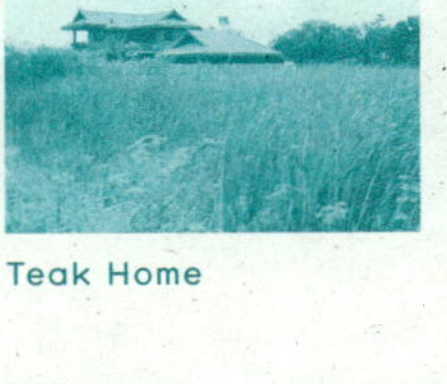 Teak Home

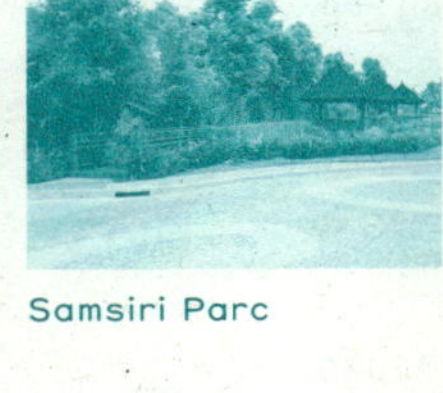 Samsiri Parc

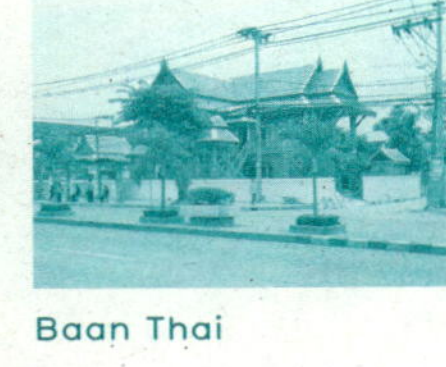 Baan Thai

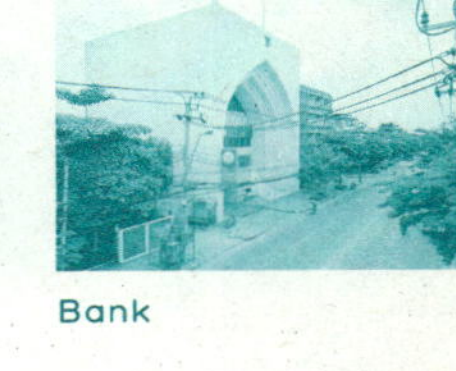 Bank

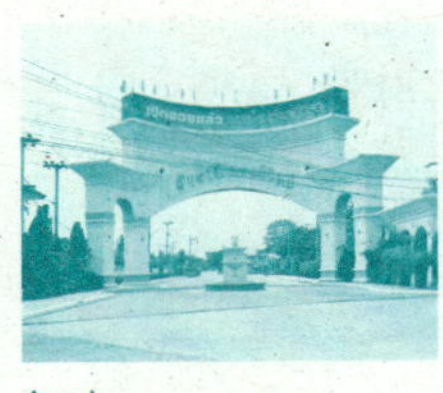 Arch

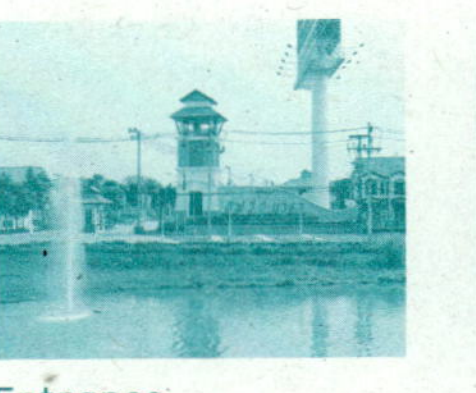 Entrance

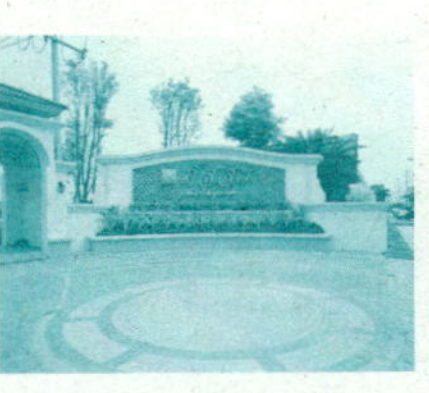 The Elegance

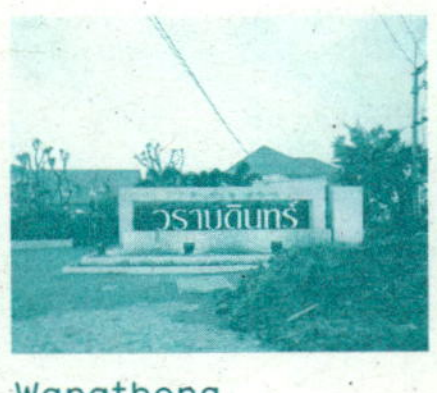 Wangthong

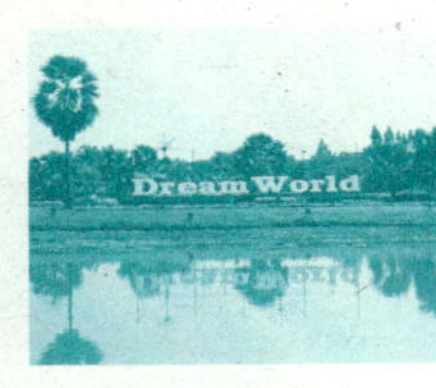 Dreamworld

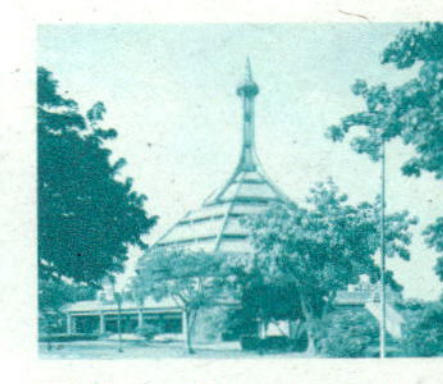 Military Masoleum I

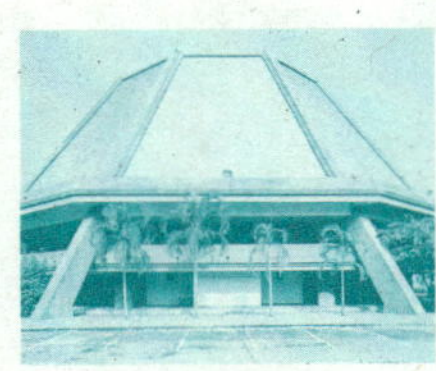 Military Masoleum II

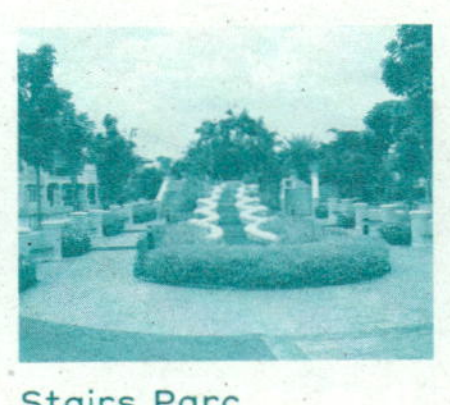 Stairs Parc

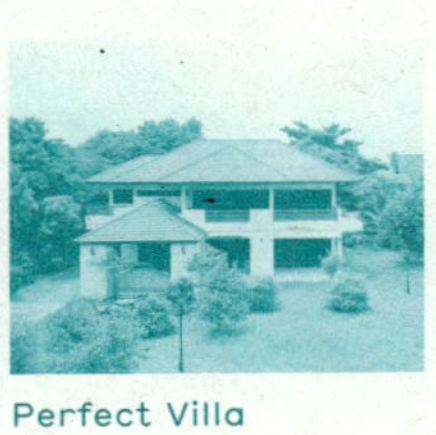 Perfect Villa

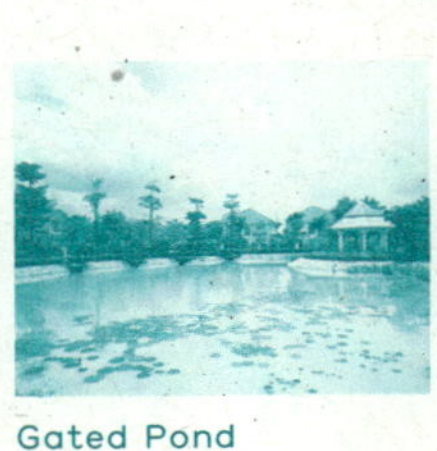 Gated Pond

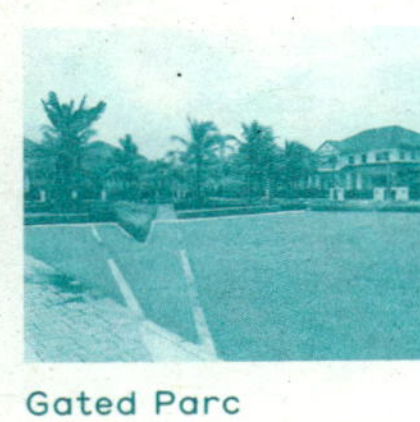 Gated Parc

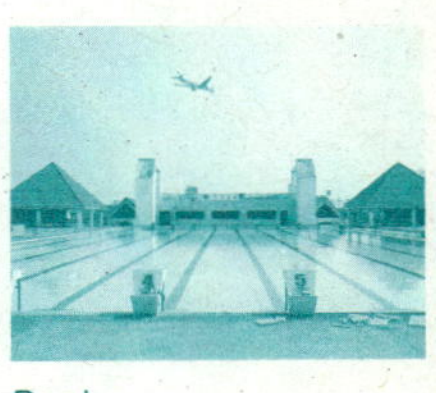 Pool

Imprint

Editor
Lionel Bovier

Editing and Proofreading
Clément Dirié (French)
Clare Manchester (English)

Translations
Judith Hayward (Beausse text to English)
Gauthier Herrmann (Weerasethakul text
to French)

Design
Gavillet & Rust/Eigenheer, Geneva

Typeface
Hermes Sans (www.optimo.ch)

Cover
Leo Fabrizio, Dreamworld

Photo Credits
©2010 Leo Fabrizio
www.leofabrizio.com

Leo Fabrizio is represented in France
by the gallery Triple V.

Color Separation & Print
Musumeci S.p.A., Quart (Aosta)

Acknowledgments
I would like to thank first and foremost my Thai
family and friends for all their love, patience,
and help during this long project. To my wife,
Saowalak Khamsri Fabrizio. To Yin and Hanchaï
Khamsri for loving me like their son. To Cou-
Pong for his friendship and for driving me
around. To all my beloved friends, who drove
me to nowhere in the middle of the night,
answering my strange wishes, never complain-
ing, and making me discover the true Thailand.
I love you guys. I would like to deeply thank
Apichatpong Weerasethakul. You did more than
"just" write a text for this book. Thanks for
this beautiful gift, I sincerely hope I will be
able, one day, to give you as much back.
A deep thanks as well to Pascal Beausse
for his wonderful support and collaboration
in my entire work. Thanks to Pierre Fantys
for his constant friendly support and to Guido
Mocafico. To Vincent Pécoil and Olivier Vadrot
at the gallery Triple V for their trust in my
work, and to Lionel Bovier and JRP|Ringier
for making this book possible.
—Leo Fabrizio

This publication has received generous
support from

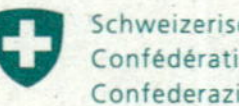

Schweizerische Eidgenossenschaft
Confédération suisse
Confederazione Svizzera
Confederaziun svizra

Eidgenössisches Departement des Innern EDI
Bundesamt für Kultur BAK

Printed in Europe

Published by
JRP|Ringier
Letzigraben 134
CH-8047 Zurich
T +41 (0) 43 311 27 50
F +41 (0) 43 311 27 51
E info@jrp-ringier.com
www.jrp-ringier.com

ISBN: 978-3-03764-151-4

JRP|Ringier books are available internationally
at selected bookstores and from the following
distribution partners:

Switzerland
Buch 2000, AVA Verlagsauslieferung AG,
Centralweg 16, CH–8910 Affoltern a.A.,
buch2000@ava.ch, www.ava.ch

France
Les presses du réel, 35 rue Colson, F–21000
Dijon, info@lespressesdureel.com,
www.lespressesdureel.com

Germany and Austria
Vice Versa Vertrieb, Immanuelkirchstrasse 12,
D–10405 Berlin, info@vice-versa-vertrieb.de,
www.vice-versa-vertrieb.de

UK and other European countries
Cornerhouse Publications, 70 Oxford Street,
UK–Manchester M1 5NH, publications@
cornerhouse.org, www.cornerhouse.org/books

USA, Canada, Asia, and Australia
D.A.P./Distributed Art Publishers, 155 Sixth
Avenue, 2nd Floor, USA–New York, NY 10013,
dap@dapinc.com, www.artbook.com

For a list of our partner bookshops or for any
general questions, please contact JRP|Ringier
directly at info@jrp-ringier.com, or visit our
homepage www.jrp-ringier.com for further
information about our program.